PRÉFACE

La collection de guides de conversation "Tout ira bien!", publié par T&P Books, est conçue pour les gens qui voyagent par affaire ou par plaisir. Les guides de conversations contiennent le plus important - l'essentiel pour la communication de base. Il s'agit d'une série indispensable de phrases pour survivre à l'étranger.

Ce guide de conversation vous aidera dans la plupart des cas où vous devez demander quelque chose, trouver une direction, découvrir le prix d'un souvenir, etc. Il peut aussi résoudre des situations de communication difficile lorsque la gesticulation n'aide pas.

Ce livre contient beaucoup de phrases qui ont été groupées par thèmes. Vous trouverez aussi un petit dictionnaire de plus de 1500 mots importants et utiles.

Emmenez avec vous un guide de conversation "Tout ira bien!" sur la route et vous aurez un compagnon de voyage irremplaçable qui vous aidera à vous sortir de toutes les situations et vous enseignera à ne pas avoir peur de parler aux étrangers.

TABLE DES MATIÈRES

T&P Books Publishing

Collection de guides de conversation
"Tout ira bien!"

T&P Books Publishing

GUIDE DE CONVERSATION
– INDONÉSIEN –

LES PHRASES LES PLUS UTILES

Ce guide de conversation contient les phrases et les questions les plus communes et nécessaires pour communiquer avec des étrangers

Par Andrey Taranov

T&P BOOKS

Guide de conversation + dictionnaire de 1500 mots

Guide de conversation Français-Indonésien et dictionnaire concis de 1500 mots

Par Andrey Taranov

La collection de guides de conversation "Tout ira bien!", publiée par T&P Books, est conçue pour les gens qui voyagent par affaire ou par plaisir. Les guides contiennent l'essentiel pour la communication de base. Il s'agit d'une série indispensable de phrases pour "survivre" à l'étranger.

Une autre section du livre contient un petit dictionnaire de plus de 1500 mots les plus utilisés. Le dictionnaire inclut beaucoup de termes gastronomiques et peut être utile lorsque vous faites le marché ou commandez des plats au restaurant.

T&P Books Publishing
www.tpbooks.com

ISBN: 978-1-78616-776-7

Ce livre existe également en format électronique.
Pour plus d'informations, veuillez consulter notre site: www.tpbooks.com
ou rendez-vous sur ceux des grandes librairies en ligne.

PRONONCIATION

Lettre	Exemple en indonésien	Alphabet phonétique T&P	Exemple en français
Aa	zaman	[a]	classe
Bb	besar	[b]	bureau
Cc	kecil, cepat	[tʃ]	match
Dd	dugaan	[d]	document
Ee	segera, mencium	[e], [ə]	vers
Ff	berfungsi	[f]	formule
Gg	juga, lagi	[g]	gris
Hh	hanya, bahwa	[h]	[h] aspiré
Ii	izin, sebagai ganti	[i], [j]	stylo, maillot
Jj	setuju, ijin	[dʒ]	tadjik
Kk	kemudian, tidak	[k], [']	bocal, coup de glotte
Ll	dilarang	[l]	vélo
Mm	melihat	[m]	minéral
Nn	berenang	[n], [ŋ]	ananas, parking
Oo	toko roti	[oː]	tableau
Pp	peribahasa	[p]	panama
Qq	Aquarius	[k]	bocal
Rr	ratu, riang	[r]	rouge
Ss	sendok, syarat	[s], [ʃ]	syndicat, chariot
Tt	tamu, adat	[t]	tennis
Uu	ambulans	[u]	boulevard
Vv	renovasi	[v]	rivière
Ww	pariwisata	[w]	iguane
Xx	boxer	[ks]	taxi
Yy	banyak, syarat	[j]	maillot
Zz	zamrud	[z]	gazeuse

Combinaisons de lettres

aa	maaf	[aʔa]	a+coup de glotte
kh	khawatir	[h]	[h] aspiré
th	Gereja Lutheran	[t]	tennis
-k	tidak	[']	coup de glotte

LISTE DES ABRÉVIATIONS

Abréviations en français

adj	-	adjective
adv	-	adverbe
anim.	-	animé
conj	-	conjonction
dénombr.	-	dénombrable
etc.	-	et cetera
f	-	nom féminin
f pl	-	féminin pluriel
fam.	-	familiar
fem.	-	féminin
form.	-	formal
inanim.	-	inanimé
indénombr.	-	indénombrable
m	-	nom masculin
m pl	-	masculin pluriel
m, f	-	masculin, féminin
masc.	-	masculin
math	-	mathematics
mil.	-	militaire
pl	-	pluriel
prep	-	préposition
pron	-	pronom
qch	-	quelque chose
qn	-	quelqu'un
sing.	-	singulier
v aux	-	verbe auxiliaire
v imp	-	verbe impersonnel
vi	-	verbe intransitif
vi, vt	-	verbe intransitif, transitif
vp	-	verbe pronominal
vt	-	verbe transitif

T&P BOOKS

GUIDE DE CONVERSATION INDONÉSIEN

Cette section contient
des phrases importantes
qui peuvent être utiles dans
des situations courantes.
Le guide vous aidera
à demander des directions,
clarifier le prix, acheter
des billets et commander
des plats au restaurant

T&P Books Publishing

CONTENU DU GUIDE DE CONVERSATION

Excusez-moi, …	**Permisi, …** [permisi, …]
Bonjour	**Halo.** [halo]
Merci	**Terima kasih.** [terima kasih]
Au revoir	**Selamat tinggal.** [slamat tiŋgal]
Oui	**Ya.** [ja]
Non	**Tidak.** [tidaʔ]
Je ne sais pas.	**Saya tidak tahu.** [saja tidaʔ tahu]
Où? | Où? | Quand?	**Di mana? | Ke mana? | Kapan?** [di mana? | ke mana? | kapan?]
J'ai besoin de …	**Saya perlu …** [saja perlu …]
Je veux …	**Saya ingin …** [saja iŋin …]
Avez-vous … ?	**Apa Anda punya …?** [apa anda punja …?]
Est-ce qu'il y a … ici?	**Apa ada … di sini?** [apa ada … di sini?]
Puis-je … ?	**Boleh saya …?** [boleh saja …?]
s'il vous plaît (pour une demande)	**Tolong, …** [toloŋ, …]
Je cherche …	**Saya sedang mencari …** [saja sedaŋ mentʃari …]
les toilettes	**kamar kecil** [kamar ketʃil]
un distributeur	**ATM** [a-te-em]
une pharmacie	**apotek** [apoteʔ]
l'hôpital	**rumah sakit** [rumah sakit]
le commissariat de police	**kantor polisi** [kantor polisi]
une station de métro	**stasiun bawah tanah** [stasiun bawah tanah]

un taxi	**taksi** [taksi]
la gare	**stasiun kereta api** [stasiun kereta api]
Je m'appelle …	**Nama saya ...** [nama saja ...]
Comment vous appelez-vous?	**Siapa nama Anda?** [siapa nama anda?]
Aidez-moi, s'il vous plaît.	**Bisakah Anda menolong saya?** [bisakah anda menoloŋ saja?]
J'ai un problème.	**Saya sedang kesulitan.** [saja sedaŋ kesulitan]
Je ne me sens pas bien.	**Saya tidak enak badan.** [saja tidaʔ enak badan]
Appelez une ambulance!	**Panggil ambulans!** [paŋgil ambulans!]
Puis-je faire un appel?	**Boleh saya menelepon?** [boleh saja menelepon?]
Excusez-moi.	**Maaf.** [maʔaf]
Je vous en prie.	**Terima kasih kembali.** [terima kasih kembali]
je, moi	**Saya, aku** [saja, aku]
tu, toi	**kamu, kau** [kamu, kau]
il	**dia, ia** [dia, ia]
elle	**dia, ia** [dia, ia]
ils	**mereka** [mereka]
elles	**mereka** [mereka]
nous	**kami** [kami]
vous	**kalian** [kalian]
Vous	**Anda** [anda]
ENTRÉE	**MASUK** [masuʔ]
SORTIE	**KELUAR** [keluar]
HORS SERVICE	EN PANNE	**TIDAK DAPAT DIGUNAKAN** [tidaʔ dapat digunakan]
FERMÉ	**TUTUP** [tutup]

OUVERT	**BUKA** [buka]
POUR LES FEMMES	**UNTUK PEREMPUAN** [untu' perempuan]
POUR LES HOMMES	**UNTUK LAKI-LAKI** [untu' laki-laki]

Questions

Où? (lieu)
Di mana?
[di mana?]

Où? (direction)
Ke mana?
[ke mana?]

D'où?
Dari mana?
[dari mana?]

Pourquoi?
Kenapa?
[kenapa?]

Pour quelle raison?
Untuk apa?
[untuʔ apa?]

Quand?
Kapan?
[kapan?]

Combien de temps?
Berapa lama?
[berapa lama?]

À quelle heure?
Jam berapa?
[dʒ¡am berapa?]

C'est combien?
Berapa harganya?
[berapa harganja?]

Avez-vous ... ?
Apa Anda punya ...?
[apa anda punja ...?]

Où est ..., s'il vous plaît?
Di mana ...?
[di mana ...?]

Quelle heure est-il?
Jam berapa sekarang?
[dʒ¡am berapa sekaraŋ?]

Puis-je faire un appel?
Boleh saya menelepon?
[boleh saja menelepon?]

Qui est là?
Siapa di sana?
[siapa di sana?]

Puis-je fumer ici?
Boleh saya merokok di sini?
[boleh saja merokoʔ di sini?]

Puis-je ...?
Boleh saya ...?
[boleh saja ...?]

Besoins

Je voudrais …	**Saya hendak ...** [saja hendaʔ ...]
Je ne veux pas …	**Saya tidak ingin ...** [saja tidaʔ iɲin ...]
J'ai soif.	**Saya haus.** [saja haus]
Je veux dormir.	**Saya ingin tidur.** [saja iɲin tidur]
Je veux …	**Saya ingin ...** [saja iɲin ...]
me laver	**mandi** [mandi]
brosser mes dents	**menyikat gigi** [menjikat gigi]
me reposer un instant	**istirahat sebentar** [istirahat sebentar]
changer de vêtements	**ganti pakaian** [ganti pakajan]
retourner à l'hôtel	**kembali ke hotel** [kembali ke hotel]
acheter …	**membeli ...** [membeli ...]
aller à …	**pergi ke ...** [pergi ke ...]
visiter …	**mengunjungi ...** [meŋundʒ'uɲi ...]
rencontrer …	**bertemu dengan ...** [bertemu deŋan ...]
faire un appel	**menelepon** [menelepon]
Je suis fatigué /fatiguée/	**Saya lelah.** [saja lelah]
Nous sommes fatigués /fatiguées/	**Kami lelah.** [kami lelah]
J'ai froid.	**Saya kedinginan.** [saja kediŋinan]
J'ai chaud.	**Saya kepanasan.** [saja kepanasan]
Je suis bien.	**Saya baik-baik saja.** [saja baiʔ-baiʔ sadʒ'a]

Il me faut faire un appel.   **Saya perlu menelepon.**
                                           [saja perlu menelepon]

J'ai besoin d'aller aux toilettes.   **Saya perlu pergi ke kamar kecil.**
                                           [saja perlu pergi ke kamar ketʃil]

Il faut que j'aille.   **Saya harus pergi.**
                                           [saja harus pergi]

Je dois partir maintenant.   **Saya harus pergi sekarang.**
                                           [saja harus pergi sekaraŋ]

Comment demander la direction

Excusez-moi, ...	**Permisi, ...** [permisi, ...]
Où est ..., s'il vous plaît?	**Di mana ...?** [di mana ...?]
Dans quelle direction est ... ?	**Ke manakah arah ke ...?** [ke manakah arah ke ...?]
Pouvez-vous m'aider, s'il vous plaît ?	**Bisakah Anda menolong saya?** [bisakah anda menoloŋ saja?]
Je cherche ...	**Saya sedang mencari ...** [saja sedaŋ mentʃari ...]
La sortie, s'il vous plaît?	**Saya sedang mencari pintu keluar.** [saja sedaŋ mentʃari pintu keluar]
Je vais à ...	**Saya akan pergi ke ...** [saja akan pergi ke ...]
C'est la bonne direction pour ...?	**Benarkah ini jalan ke ...?** [benarkah ini dʒˈalan ke ...?]
C'est loin?	**Apakah tempatnya jauh?** [apakah tempatnja dʒˈauh?]
Est-ce que je peux y aller à pied?	**Bisakah saya berjalan kaki ke sana?** [bisakah saja berdʒˈalan kaki ke sana?]
Pouvez-vous me le montrer sur la carte?	**Bisakah Anda tunjukkan di peta?** [bisakah anda tundʒˈuˀkan di peta?]
Montrez-moi où sommes-nous, s'il vous plaît.	**Tunjukkan di mana lokasi kita sekarang.** [tundʒˈuˀkan di mana lokasi kita sekaraŋ]
Ici	**Di sini** [di sini]
Là-bas	**Di sana** [di sana]
Par ici	**Jalan ini** [dʒˈalan ini]
Tournez à droite.	**Belok kanan.** [beloˀ kanan]
Tournez à gauche.	**Belok kiri.** [beloˀ kiri]
Prenez la première (deuxième, troisième) rue.	**belokan pertama (kedua, ketiga)** [belokan pertama (kedua, ketiga)]
à droite	**ke kanan** [ke kanan]

à gauche **ke kiri**
[ke kiri]

Continuez tout droit. **Lurus terus.**
[lurus terus]

Affiches, Pancartes

BIENVENUE!	**SELAMAT DATANG!** [selamat dataŋ!]
ENTRÉE	**MASUK** [masuʔ]
SORTIE	**KELUAR** [keluar]
POUSSEZ	**DORONG** [doroŋ]
TIREZ	**TARIK** [tariʔ]
OUVERT	**BUKA** [buka]
FERMÉ	**TUTUP** [tutup]
POUR LES FEMMES	**UNTUK PEREMPUAN** [untuʔ perempuan]
POUR LES HOMMES	**UNTUK LAKI-LAKI** [untuʔ laki-laki]
MESSIEURS (m)	**PRIA** [pria]
FEMMES (f)	**WANITA** [wanita]
RABAIS | SOLDES	**DISKON** [diskon]
PROMOTION	**OBRAL** [obral]
GRATUIT	**GRATIS** [gratis]
NOUVEAU!	**BARU!** [baru!]
ATTENTION!	**PERHATIAN!** [perhatian!]
COMPLET	**KAMAR PENUH** [kamar penuh]
RÉSERVÉ	**DIPESAN** [dipesan]
ADMINISTRATION	**ADMINISTRASI** [administrasi]
PERSONNEL SEULEMENT	**HANYA UNTUK STAF** [hanja untuʔ staf]

ATTENTION AU CHIEN!

AWAS ANJING GALAK!
[awas andʒiŋ galaʔ!]

NE PAS FUMER!

DILARANG MEROKOK!
[dilaraŋ merokoʔ!]

NE PAS TOUCHER!

JANGAN SENTUH!
[dʒˈaŋan sentuh!]

DANGEREUX

BERBAHAYA
[berbahaja]

DANGER

BAHAYA
[bahaja]

HAUTE TENSION

TEGANGAN TINGGI
[tegaŋan tiŋgi]

BAIGNADE INTERDITE!

DILARANG BERENANG!
[dilaraŋ berenaŋ!]

HORS SERVICE | EN PANNE

TIDAK DAPAT DIGUNAKAN
[tidaʔ dapat digunakan]

INFLAMMABLE

MUDAH TERBAKAR
[mudah terbakar]

INTERDIT

DILARANG
[dilaraŋ]

ENTRÉE INTERDITE!

DILARANG MASUK!
[dilaraŋ masuʔ!]

PEINTURE FRAÎCHE

CAT BASAH
[tʃat basah]

FERMÉ POUR TRAVAUX

DITUTUP KARENA ADA PERBAIKAN
[ditutup karena ada perbaikan]

TRAVAUX EN COURS

ADA PROYEK DI DEPAN
[ada projeʔ di depan]

DÉVIATION

JALUR ALTERNATIF
[dʒˈalur alternatif]

Transport - Phrases générales

avion	**pesawat** [pesawat]
train	**kereta api** [kereta api]
bus, autobus	**bus** [bus]
ferry	**feri** [feri]
taxi	**taksi** [taksi]
voiture	**mobil** [mobil]
horaire	**jadwal** [dʒadwal]
Où puis-je voir l'horaire?	**Di mana saya dapat melihat jadwalnya?** [di mana saja dapat melihat dʒadwalnja?]
jours ouvrables	**hari kerja** [hari kerdʒa]
jours non ouvrables	**akhir pekan** [ahir pekan]
jours fériés	**hari libur** [hari libur]
DÉPART	**KEBERANGKATAN** [keberaŋkatan]
ARRIVÉE	**KEDATANGAN** [kedataŋan]
RETARDÉE	**DITUNDA** [ditunda]
ANNULÉE	**DIBATALKAN** [dibatalkan]
prochain (train, etc.)	**berikutnya** [berikutnja]
premier	**pertama** [pertama]
dernier	**terakhir** [terahir]

À quelle heure est le prochain ...?	**Kapan ... berikutnya?** [kapan ... berikutnja?]
À quelle heure est le premier ...?	**Kapan ... pertama?** [kapan ... pertama?]
À quelle heure est le dernier ...?	**Kapan ... terakhir?** [kapan ... terahir?]

correspondance	**pindah** [pindah]
prendre la correspondance	**berpindah** [berpindah]
Dois-je prendre la correspondance?	**Haruskah saya berpindah?** [haruskah saja berpindah?]

Acheter un billet

Où puis-je acheter des billets?	**Di mana saya dapat membeli tiket?** [di mana saja dapat membeli tiket?]
billet	**tiket** [tiket]
acheter un billet	**membeli tiket** [membeli tiket]
le prix d'un billet	**harga tiket** [harga tiket]
Pour aller où?	**Ke mana?** [ke mana?]
Quelle destination?	**Ke stasiun apa?** [ke stasiun apa?]
Je voudrais ...	**Saya perlu ...** [saja perlu ...]
un billet	**satu tiket** [satu tiket]
deux billets	**dua tiket** [dua tiket]
trois billets	**tiga tiket** [tiga tiket]
aller simple	**sekali jalan** [sekali dʒˈalan]
aller-retour	**pulang pergi** [pulaŋ pergi]
première classe	**kelas satu** [kelas satu]
classe économique	**kelas dua** [kelas dua]
aujourd'hui	**hari ini** [hari ini]
demain	**besok** [besoʔ]
après-demain	**lusa** [lusa]
dans la matinée	**pagi** [pagi]
l'après-midi	**siang** [siaŋ]
dans la soirée	**malam** [malam]

siège côté couloir

kursi dekat lorong
[kursi dekat loroŋ]

siège côté fenêtre

kursi dekat jendela
[kursi dekat dʒˈendela]

C'est combien?

Berapa harganya?
[bərapa harganja?]

Puis-je payer avec la carte?

Bisakah saya membayar dengan kartu kredit?
[bisakah saja membajar deŋan kartu kredit?]

L'autobus

bus, autobus	**bus** [bus]
autocar	**bus antarkota** [bus antarkota]
arrêt d'autobus	**pemberhentian bus** [pemberhentian bus]
Où est l'arrêt d'autobus le plus proche?	**Di mana pemberhentian bus terdekat?** [di mana pemberhentian bus terdekat?]
numéro	**nomor** [nomor]
Quel bus dois-je prendre pour aller à ...?	**Bus apa yang ke ...?** [bus apa jaŋ ke ...?]
Est-ce que ce bus va à ...?	**Apakah bus ini ke ...?** [apakah bus ini ke ...?]
L'autobus passe tous les combien?	**Seberapa sering busnya datang?** [seberapa seriŋ busnja dataŋ?]
chaque quart d'heure	**setiap 15 menit** [setiap lima belas menit]
chaque demi-heure	**setiap setengah jam** [setiap seteŋah dʒam]
chaque heure	**setiap jam** [setiap dʒam]
plusieurs fois par jour	**beberapa kali sehari** [beberapa kali sehari]
... fois par jour	**... kali sehari** [... kali sehari]
horaire	**jadwal** [dʒadwal]
Où puis-je voir l'horaire?	**Di mana saya dapat melihat jadwalnya?** [di mana saja dapat melihat dʒadwalnja?]
À quelle heure passe le prochain bus?	**Kapan bus berikutnya?** [kapan bus berikutnja?]
À quelle heure passe le premier bus?	**Kapan bus pertama?** [kapan bus pertama?]
À quelle heure passe le dernier bus?	**Kapan bus terakhir?** [kapan bus terahir?]

arrêt	**pemberhentian** [pemberhentian]
prochain arrêt	**pemberhentian berikutnya** [pemberhentian berikutnja]
terminus	**pemberhentian terakhir (terminal)** [pemberhentian terahir (terminal)]
Pouvez-vous arrêter ici, s'il vous plaît.	**Berhenti di sini.** [berhenti di sini]
Excusez-moi, c'est mon arrêt.	**Permisi, saya turun di sini.** [permisi, saja turun di sini]

Train

train	**kereta api** [kereta api]
train de banlieue	**kereta api lokal** [kereta api lokal]
train de grande ligne	**kereta api jarak jauh** [kereta api dʒʲarak dʒʲauh]
la gare	**stasiun kereta api** [stasiun kereta api]
Excusez-moi, où est la sortie vers les quais?	**Permisi, di manakah pintu** **ke arah peron?** [permisi, di manakah pintu ke arah peron?]
Est-ce que ce train va à ...?	**Apakah kereta api ini menuju ke ...?** [apakah kereta api ini menudʒʲu ke ...?]
le prochain train	**kereta api berikutnya** [kereta api berikutnja]
À quelle heure est le prochain train?	**Kapan kereta api berikutnya?** [kapan kereta api berikutnja?]
Où puis-je voir l'horaire?	**Di mana saya dapat melihat** **jadwalnya?** [di mana saja dapat melihat dʒʲadwalnja?]
De quel quai?	**Dari peron jalur berapa?** [dari peron dʒʲalur berapa?]
À quelle heure arrive le train à ...?	**Kapan kereta api ini sampai di ...?** [kapan kereta api ini sampaj di ...?]
Pouvez-vous m'aider, s'il vous plaît?	**Tolong bantu saya.** [toloŋ bantu saja]
Je cherche ma place.	**Saya sedang mencari kursi saya.** [saja sedaŋ mentʃari kursi saja]
Nous cherchons nos places.	**Kami sedang mencari kursi kami.** [kami sedaŋ mentʃari kursi kami]
Ma place est occupée.	**Kursi saya sudah ditempati.** [kursi saja sudah ditempati]
Nos places sont occupées.	**Kursi kami sudah ditempati.** [kursi kami sudah ditempati]
Excusez-moi, mais c'est ma place.	**Maaf, ini kursi saya.** [ma'af, ini kursi saja]

Est-ce que cette place est libre?   **Apakah kursi ini sudah diambil?**
                                      [apakah kursi ini sudah diambil?]

Puis-je m'asseoir ici?   **Boleh saya duduk di sini?**
                                      [boleh saja dudu' di sini?]

Sur le train - Dialogue (Pas de billet)

Votre billet, s'il vous plaît.

Permisi, tiketnya.
[permisi, tiketnja]

Je n'ai pas de billet.

Saya tidak punya tiket.
[saja tida' punja tiket]

J'ai perdu mon billet.

Tiket saya hilang.
[tiket saja hilaŋ]

J'ai oublié mon billet à la maison.

Tiket saya tertinggal di rumah.
[tiket saja tertiŋgal di rumah]

Vous pouvez m'acheter un billet.

Anda bisa membeli tiket dari saya.
[anda bisa membeli tiket dari saja]

Vous devrez aussi payer une amende.

Anda juga harus membayar denda.
[anda dʒ'uga harus membajar denda]

D'accord.

Baik.
[bai']

Où allez-vous?

Ke manakah tujuan Anda?
[ke manakah tudʒ'uan anda?]

Je vais à ...

Saya akan pergi ke ...
[saja akan pergi ke ...]

Combien? Je ne comprend pas.

Berapa harganya? Saya tidak mengerti.
[berapa harganja? saja tida' meŋerti]

Pouvez-vous l'écrire, s'il vous plaît.

Tolong tuliskan.
[toloŋ tuliskan]

D'accord. Puis-je payer avec la carte?

Baik. Bisakah saya membayar dengan kartu kredit?
[bai'. bisakah saja membajar deŋan kartu kredit?]

Oui, bien sûr.

Ya, bisa.
[ja, bisa]

Voici votre reçu.

Ini tanda terimanya.
[ini tanda terimanja]

Désolé pour l'amende.

Maaf atas dendanya.
[ma'af atas dendanja]

Ça va. C'est de ma faute.

Tidak apa-apa. Saya yang salah.
[tida' apa-apa. saja jaŋ salah.]

Bon voyage.

Selamat menikmati perjalanan.
[selamat menikmati perdʒ'alanan]

Taxi

taxi	**taksi** [taksi]
chauffeur de taxi	**sopir taksi** [sopir taksi]
prendre un taxi	**menyetop taksi** [menjetop taksi]
arrêt de taxi	**pangkalan taksi** [paŋkalan taksi]
Où puis-je trouver un taxi?	**Di mana saya bisa mendapatkan taksi?** [di mana saja bisa mendapatkan taksi?]
appeler un taxi	**menelepon taksi** [menelepon taksi]
Il me faut un taxi.	**Saya perlu taksi.** [saja perlu taksi]
maintenant	**Sekarang.** [sekaraŋ]
Quelle est votre adresse?	**Di mana alamat Anda?** [di mana alamat anda?]
Mon adresse est …	**Alamat saya di …** [alamat saja di …]
Votre destination?	**Tujuan Anda?** [tudʒ'uan anda?]
Excusez-moi, …	**Permisi, …** [permisi, …]
Vous êtes libre ?	**Apa taksi ini kosong?** [apa taksi ini kosoŋ?]
Combien ça coûte pour aller à …?	**Berapa ongkos ke …?** [berapa oŋkos ke …?]
Vous savez où ça se trouve?	**Tahukah Anda tempatnya?** [tahukah anda tempatnja?]
À l'aéroport, s'il vous plaît.	**Ke bandara.** [ke bandara]
Arrêtez ici, s'il vous plaît.	**Berhenti di sini.** [berhenti di sini]
Ce n'est pas ici.	**Bukan di sini.** [bukan di sini]
C'est la mauvaise adresse.	**Alamatnya salah.** [alamatnja salah]

tournez à gauche	**Belok kiri** [belo' kiri]
tournez à droite	**Belok kanan.** [belo' kanan]

Combien je vous dois?	**Berapa yang harus saya bayar?** [berapa jaŋ harus saja bajar?]
J'aimerais avoir un reçu, s'il vous plaît.	**Saya minta tanda terimanya.** [saja minta tanda terimanja]
Gardez la monnaie.	**Kembaliannya untuk Anda.** [kembaliannja untu' anda]

Attendez-moi, s'il vous plaît …	**Maukah Anda menunggu saya?** [maukah anda menuŋgu saja?]
cinq minutes	**lima menit** [lima menit]
dix minutes	**sepuluh menit** [sepuluh menit]
quinze minutes	**lima belas menit** [lima belas menit]
vingt minutes	**dua puluh menit** [dua puluh menit]
une demi-heure	**setengah jam** [seteŋah dʒ'am]

Hôtel

Bonjour.

Halo.
[halo]

Je m'appelle ...

Nama saya ...
[nama saja ...]

J'ai réservé une chambre.

Saya sudah memesan.
[saja sudah memesan]

Je voudrais ...

Saya perlu ...
[saja perlu ...]

une chambre simple

kamar single
[kamar siŋle]

une chambre double

kamar double
[kamar double]

C'est combien?

Berapa harganya?
[berapa harganja?]

C'est un peu cher.

Agak mahal.
[aga' mahal]

Avez-vous autre chose?

Apa Anda punya opsi lain?
[apa anda punja opsi lain?]

Je vais la prendre.

Saya ambil.
[saja ambil]

Je vais payer comptant.

Saya bayar tunai.
[saja bajar tunaj]

J'ai un problème.

Saya sedang kesulitan.
[saja sedaŋ kesulitan]

Mon ... est cassé /Ma ... est cassée/

... saya rusak.
[... saja rusa']

Mon /Ma/ ... ne fonctionne pas.

... saya tidak dapat digunakan.
[... saja tida' dapat digunakan]

télé

TV
[tv]

air conditionné

alat pendingin hawa
[alat pendiŋin hawa]

robinet

keran
[keran]

douche

pancuran
[pantʃuran]

évier

bak cuci
[ba' tʃutʃi]

coffre-fort

brankas
[brankas]

serrure de porte	**kunci pintu** [kuntʃi pintu]
prise électrique	**stopkontak** [stopkontak]
sèche-cheveux	**pegering rambut** [pegeriŋ rambut]

Je n'ai pas …	**Tidak ada …** [tidaʔ ada …]
d'eau	**air** [air]
de lumière	**lampu** [lampu]
d'électricité	**listrik** [listriʔ]

Pouvez-vous me donner …?	**Bisakah Anda memberi saya …?** [bisakah anda memberi saja …?]
une serviette	**handuk** [handuʔ]
une couverture	**selimut** [selimut]
des pantoufles	**sandal** [sandal]

une robe de chambre	**jubah** [dʒˈubah]
du shampoing	**sampo** [sampo]
du savon	**sabun** [sabun]

Je voudrais changer ma chambre.	**Saya ingin pindah kamar.** [saja iŋin pindah kamar]
Je ne trouve pas ma clé.	**Kunci saya tidak ketemu.** [kuntʃi saja tidaʔ ketemu]
Pourriez-vous ouvrir ma chambre, s'il vous plaît?	**Bisakah Anda membukakan pintu saya?** [bisakah anda membukakan pintu saja?]
Qui est là?	**Siapa di sana?** [siapa di sana?]

Entrez!	**Masuk!** [masuʔ!]
Une minute!	**Tunggu sebentar!** [tuŋgu sebentar!]

Pas maintenant, s'il vous plaît.	**Jangan sekarang.** [dʒˈaŋan sekaraŋ]
Pouvez-vous venir à ma chambre, s'il vous plaît.	**Datanglah ke kamar saya.** [dataŋlah ke kamar saja]

J'aimerais avoir le service d'étage.	**Saya ingin memesan makanan.**
	[saja iŋin memesan makanan]
Mon numéro de chambre est le …	**Nomor kamar saya …**
	[nomor kamar saja …]

Je pars …	**Saya pergi …**
	[saja pergi …]
Nous partons …	**Kami pergi …**
	[kami pergi …]
maintenant	**sekarang**
	[sekaraŋ]
cet après-midi	**siang ini**
	[siaŋ ini]
ce soir	**malam ini**
	[malam ini]
demain	**besok**
	[beso⁷]
demain matin	**besok pagi**
	[beso⁷ pagi]
demain après-midi	**besok malam**
	[beso⁷ malam]
après-demain	**lusa**
	[lusa]

Je voudrais régler mon compte.	**Saya hendak membayar.**
	[saja henda⁷ membajar]
Tout était merveilleux.	**Segalanya luar biasa.**
	[segalanja luar biasa]
Où puis-je trouver un taxi?	**Di mana saya bisa mendapatkan taksi?**
	[di mana saja bisa mendapatkan taksi?]
Pourriez-vous m'appeler un taxi, s'il vous plaît?	**Bisakah Anda memanggilkan saya taksi?**
	[bisakah anda memaŋgilkan saja taksi?]

Restaurant

Puis-je voir le menu, s'il vous plaît?	**Bisakah saya melihat menunya?** [bisakah saja melihat menunja?]
Une table pour une personne.	**Meja untuk satu orang.** [medʒia untu' satu oraŋ]
Nous sommes deux (trois, quatre).	**Kami berdua (bertiga, berempat).** [kami berdua (bertiga, berempat)]

Fumeurs	**Ruang Merokok** [ruaŋ meroko']
Non-fumeurs	**Ruang Bebas Rokok** [ruaŋ bebas roko']
S'il vous plaît!	**Permisi!** [permisi!]
menu	**menu** [menu]
carte des vins	**daftar anggur** [daftar aŋgur]
Le menu, s'il vous plaît.	**Tolong menunya.** [toloŋ menunja]

Êtes-vous prêts à commander?	**Apakah Anda siap memesan?** [apakah anda siap memesan?]
Qu'allez-vous prendre?	**Apa yang ingin Anda pesan?** [apa jaŋ iŋin anda pesan?]
Je vais prendre ...	**Saya ingin memesan ...** [saja iŋin memesan ...]

Je suis végétarien.	**Saya vegetarian.** [saja vegetarian]
viande	**daging** [dagiŋ]
poisson	**ikan** [ikan]
légumes	**sayur mayur** [sajur majur]

Avez-vous des plats végétariens?	**Apa Anda punya hidangan vegetarian?** [apa anda punja hidaŋan vegetarian?]
Je ne mange pas de porc.	**Saya tidak makan daging babi.** [saja tida' makan dagiŋ babi]
Il /elle/ ne mange pas de viande.	**Dia tidak makan daging.** [dia tida' makan dagiŋ]

Je suis allergique à ...

Saya alergi ...
[saja alergi ...]

Pourriez-vous m'apporter ...,
s'il vous plaît.

Tolong ambilkan ...
[toloŋ ambilkan ...]

le sel | le poivre | du sucre

garam | merica | gula
[garam | meritʃa | gula]

un café | un thé | un dessert

kopi | teh | pencuci mulut
[kopi | teh | pentʃutʃi mulut]

de l'eau | gazeuse | plate

air | air soda | air putih
[air | air soda | air putih]

une cuillère | une fourchette | un couteau

sendok | garpu | pisau
[sendoˀ | garpu | pisau]

une assiette | une serviette

piring | serbet
[piriŋ | serbet]

Bon appétit!

Selamat menikmati!
[selamat menikmati!]

Un de plus, s'il vous plaît.

Tambah satu lagi.
[tambah satu lagi]

C'était délicieux.

Benar-benar lezat.
[benar-benar lezat]

---

l'addition | de la monnaie | le pourboire

tagihan | kembalian | tip
[tagihan | kembalian | tip]

L'addition, s'il vous plaît.

Tolong tagihannya.
[toloŋ tagihannja]

Puis-je payer avec la carte?

Bisakah saya membayar dengan kartu kredit?
[bisakah saja membajar deŋan kartu kredit?]

Excusez-moi, je crois qu'il y a une erreur ici.

Maaf, ada kesalahan di sini.
[maˀaf, ada kesalahan di sini]

Shopping. Faire les Magasins

Est-ce que je peux vous aider?	**Ada yang bisa saya bantu?** [ada jaŋ bisa saja bantu?]
Avez-vous ... ?	**Apa Anda punya ...?** [apa anda punja ...?]
Je cherche ...	**Saya sedang mencari ...** [saja sedaŋ mentʃari ...]
Il me faut ...	**Saya perlu ...** [saja perlu ...]
Je regarde seulement, merci.	**Saya hanya melihat-lihat.** [saja hanja melihat-lihat]
Nous regardons seulement, merci.	**Kami hanya melihat-lihat.** [kami hanja melihat-lihat]
Je reviendrai plus tard.	**Saya akan kembali lagi nanti.** [saja akan kembali lagi nanti]
On reviendra plus tard.	**Kami akan kembali lagi nanti.** [kami akan kembali lagi nanti]
Rabais | Soldes	**diskon | obral** [diskon | obral]
Montrez-moi, s'il vous plaît ...	**Bisakah Anda tunjukkan ...** [bisakah anda tundʒɯʔuʔkan ...]
Donnez-moi, s'il vous plaît ...	**Bisakah Anda ambilkan ...** [bisakah anda ambilkan ...]
Est-ce que je peux l'essayer?	**Bisakah saya mencobanya?** [bisakah saja mentʃobanja?]
Excusez-moi, où est la cabine d'essayage?	**Permisi, di mana kamar pasnya?** [permisi, di mana kamar pasnja?]
Quelle couleur aimeriez-vous?	**Warna apa yang Anda inginkan?** [warna apa jaŋ anda iŋinkan?]
taille | longueur	**ukuran | panjang** [ukuran | pandʒˈaŋ]
Est-ce que la taille convient ?	**Apakah pas?** [apakah pas?]
Combien ça coûte?	**Berapa harganya?** [berapa harganja?]
C'est trop cher.	**Itu terlalu mahal.** [itu terlalu mahal]
Je vais le prendre.	**Saya ambil.** [saja ambil]
Excusez-moi, où est la caisse?	**Permisi, di mana saya harus membayar?** [permisi, di mana saja harus membajar?]

Payerez-vous comptant ou par carte de crédit?

Apakah Anda ingin membayar tunai atau dengan kartu kredit?
[apakah anda iŋin membajar tunaj atau deŋan kartu kredit?]

Comptant | par carte de crédit

Tunai | dengan kartu kredit
[tunaj | deŋan kartu kredit]

Voulez-vous un reçu?

Apakah Anda ingin tanda terimanya?
[apakah anda iŋin tanda terimanja?]

Oui, s'il vous plaît.

Ya.
[ja]

Non, ce n'est pas nécessaire.

Tidak, tidak usah.
[tidaʔ, tidaʔ usah]

Merci. Bonne journée!

Terima kasih. Semoga hari Anda menyenangkan!
[terima kasih. semoga hari anda menjenaŋkan!]

En ville

Excusez-moi, …	**Permisi, …** [permisi, …]
Je cherche …	**Saya sedang mencari …** [saja sedaŋ mentʃari …]
le métro	**stasiun bawah tanah** [stasiun bawah tanah]
mon hôtel	**hotel saya** [hotel saja]
le cinéma	**bioskop** [bioskop]
un arrêt de taxi	**pangkalan taksi** [paŋkalan taksi]
un distributeur	**ATM** [a-te-em]
un bureau de change	**tempat penukaran mata uang** [tempat penukaran mata uaŋ]
un café internet	**warnet** [warnet]
la rue …	**Jalan …** [dʒˈalan …]
cette place-ci	**tempat ini** [tempat ini]
Savez-vous où se trouve …?	**Apakah Anda tahu lokasi …?** [apakah anda tahu lokasi …?]
Quelle est cette rue?	**Jalan apakah ini?** [dʒˈalan apakah ini?]
Montrez-moi où sommes-nous, s'il vous plaît.	**Tunjukkan di mana lokasi kita sekarang.** [tundʒˈuʔkan di mana lokasi kita sekaraŋ]
Est-ce que je peux y aller à pied?	**Bisakah saya berjalan kaki ke sana?** [bisakah saja berdʒˈalan kaki ke sana?]
Avez-vous une carte de la ville?	**Apa Anda punya peta kota?** [apa anda punja peta kota?]
C'est combien pour un ticket?	**Berapa harga tiket masuk?** [berapa harga tiket masuʔ?]
Est-ce que je peux faire des photos?	**Bisakah saya berfoto di sini?** [bisakah saja berfoto di sini?]
Êtes-vous ouvert?	**Apakah Anda buka?** [apakah anda buka?]

À quelle heure ouvrez-vous? **Kapan Anda buka?**
[kapan anda buka?]

À quelle heure fermez-vous? **Kapan Anda tutup?**
[kapan anda tutup?]

L'argent

argent	**uang** [uaŋ]
argent liquide	**tunai** [tunaj]
des billets	**uang kertas** [uaŋ kertas]
petite monnaie	**uang receh** [uaŋ retʃeh]
l'addition | de la monnaie | le pourboire	**tagihan | kembalian | tip** [tagihan | kembalian | tip]
carte de crédit	**kartu kredit** [kartu kredit]
portefeuille	**dompet** [dompet]
acheter	**membeli** [membeli]
payer	**membayar** [membajar]
amende	**denda** [denda]
gratuit	**gratis** [gratis]
Où puis-je acheter ... ?	**Di mana saya bisa membeli ...?** [di mana saja bisa membeli ...?]
Est-ce que la banque est ouverte en ce moment?	**Apakah bank buka sekarang?** [apakah ban' buka sekaraŋ?]
À quelle heure ouvre-t-elle?	**Kapan bank buka?** [kapan bank buka?]
À quelle heure ferme-t-elle?	**Kapan bank tutup?** [kapan bank tutup?]
C'est combien?	**Berapa harganya?** [berapa harganja?]
Combien ça coûte?	**Berapa harganya?** [berapa harganja?]
C'est trop cher.	**Itu terlalu mahal.** [itu terlalu mahal]
Excusez-moi, où est la caisse?	**Permisi, di mana saya harus membayar?** [permisi, di mana saja harus membajar?]

L'addition, s'il vous plaît.

Tolong tagihannya.
[toloŋ tagihannja]

Puis-je payer avec la carte?

Bisakah saya membayar dengan kartu kredit?
[bisakah saja membajar deŋan kartu kredit?]

Est-ce qu'il y a un distributeur ici?

Adakah ATM di sini?
[adakah a-te-em di sini?]

Je cherche un distributeur.

Saya sedang mencari ATM.
[saja sedaŋ mentʃari a-te-em]

Je cherche un bureau de change.

Saya sedang mencari tempat penukaran mata uang.
[saja sedaŋ mentʃari tempat penukaran mata uaŋ]

Je voudrais changer …

Saya ingin menukarkan ...
[saja iŋin menukarkan ...]

Quel est le taux de change?

Berapakah nilai tukarnya?
[berapakah nilaj tukarnja?]

Avez-vous besoin de mon passeport?

Apa Anda butuh paspor saya?
[apa anda butuh paspor saja?]

Le temps

Quelle heure est-il?	**Jam berapa sekarang?** [dʒam berapa sekaraŋ?]
Quand?	**Kapan?** [kapan?]
À quelle heure?	**Jam berapa?** [dʒam berapa?]
maintenant | plus tard | après ...	**sekarang | nanti | setelah ...** [sekaraŋ | nanti | setelah ...]
une heure	**pukul satu** [pukul satu]
une heure et quart	**pukul satu lewat lima belas** [pukul satu lewat lima belas]
une heure et demie	**pukul satu lewat tiga puluh** [pukul satu lewat tiga puluh]
deux heures moins quart	**pukul satu lewat empat puluh lima** [pukul satu lewat empat puluh lima]
un | deux | trois	**satu | dua | tiga** [satu | dua | tiga]
quatre | cinq | six	**empat | lima | enam** [empat | lima | enam]
sept | huit | neuf	**tujuh | delapan | sembilan** [tudʒuh | delapan | sembilan]
dix | onze | douze	**sepuluh | sebelas | dua belas** [sepuluh | sebelas | dua belas]
dans ...	**dalam ...** [dalam ...]
cinq minutes	**lima menit** [lima menit]
dix minutes	**sepuluh menit** [sepuluh menit]
quinze minutes	**lima belas menit** [lima belas menit]
vingt minutes	**dua puluh menit** [dua puluh menit]
une demi-heure	**setengah jam** [seteŋah dʒam]
une heure	**satu jam** [satu dʒam]

dans la matinée	**pagi** [pagi]
tôt le matin	**pagi-pagi sekali** [pagi-pagi sekali]
ce matin	**pagi ini** [pagi ini]
demain matin	**besok pagi** [beso' pagi]

à midi	**tengah hari** [teŋah hari]
dans l'après-midi	**siang** [siaŋ]
dans la soirée	**malam** [malam]
ce soir	**malam ini** [malam ini]

la nuit	**pada malam hari** [pada malam hari]
hier	**kemarin** [kemarin]
aujourd'hui	**hari ini** [hari ini]
demain	**besok** [beso']
après-demain	**lusa** [lusa]

Quel jour sommes-nous aujourd'hui?	**Hari apa sekarang?** [hari apa sekaraŋ?]
Nous sommes ...	**Sekarang ...** [sekaraŋ ...]
lundi	**Hari Senin** [hari senin]
mardi	**Hari Selasa** [hari selasa]
mercredi	**Hari Rabu** [hari rabu]

jeudi	**Hari Kamis** [hari kamis]
vendredi	**Hari Jumat** [hari dʒ'umat]
samedi	**Hari Sabtu** [hari sabtu]
dimanche	**Hari Minggu** [hari miŋgu]

Salutations - Introductions

Bonjour.

Halo.
[halo]

Enchanté /Enchantée/

Senang dapat berjumpa dengan Anda.
[senaŋ dapat berdʒumpa deŋan anda]

Moi aussi.

Sama-sama.
[sama-sama]

Je voudrais vous présenter …

Kenalkan, …
[kenalkan, …]

Ravi /Ravie/ de vous rencontrer.

Senang dapat berjumpa dengan Anda.
[senaŋ dapat berdʒumpa deŋan anda]

Comment allez-vous?

Apa kabar?
[apa kabar?]

Je m'appelle …

Nama saya …
[nama saja …]

Il s'appelle …

Namanya …
[namanja …]

Elle s'appelle …

Namanya …
[namanja …]

Comment vous appelez-vous?

Siapa nama Anda?
[siapa nama anda?]

Quel est son nom?

Siapa namanya?
[siapa namanja?]

Quel est son nom?

Siapa namanya?
[siapa namanja?]

Quel est votre nom de famille?

Siapa nama belakang Anda?
[siapa nama belakaŋ anda?]

Vous pouvez m'appeler …

Panggil saya …
[paŋgil saja …]

D'où êtes-vous?

Dari mana asal Anda?
[dari mana asal anda?]

Je suis de …

Saya dari …
[saja dari …]

Qu'est-ce que vous faites dans la vie?

Apa pekerjaan Anda?
[apa pekerdʒa'an anda?]

Qui est-ce?

Siapa ini?
[siapa ini?]

Qui est-il?

Siapa dia?
[siapa dia?]

Qui est-elle?

Siapa dia?
[siapa dia?]

Qui sont-ils?	**Siapa mereka?** [siapa mereka?]
C'est …	**Ini …** [ini …]
mon ami	**teman saya** [teman saja]
mon amie	**teman saya** [teman saja]
mon mari	**suami saya** [suami saja]
ma femme	**istri saya** [istri saja]
mon père	**ayah saya** [ajah saja]
ma mère	**ibu saya** [ibu saja]
mon frère	**saudara laki-laki saya** [saudara laki-laki saja]
ma sœur	**saudara perempuan saya** [saudara perempuan saja]
mon fils	**anak laki-laki saya** [ana' laki-laki saja]
ma fille	**anak perempuan saya** [ana' perempuan saja]
C'est notre fils.	**Ini anak laki-laki kami.** [ini ana' laki-laki kami]
C'est notre fille.	**Ini anak perempuan kami.** [ini ana' perempuan kami]
Ce sont mes enfants.	**Ini anak-anak saya.** [ini ana'-ana' saja]
Ce sont nos enfants.	**Ini anak-anak kami.** [ini ana'-ana' kami]

Les adieux

Au revoir!

Selamat tinggal!
[selamat tiŋgal!]

Salut!

Dadah!
[dadah!]

À demain.

Sampai bertemu besok.
[sampaj bertemu beso⁊]

À bientôt.

Sampai jumpa.
[sampaj dʒ'umpa]

On se revoit à sept heures.

Sampai jumpa pukul tujuh.
[sampaj dʒ'umpa pukul tudʒ'uh]

Amusez-vous bien!

Selamat bersenang-senang!
[selamat bersenaŋ-senaŋ!]

On se voit plus tard.

Kita mengobrol lagi nanti.
[kita meŋobrol lagi nanti]

Bonne fin de semaine.

Selamat berakhir pekan.
[selamat berahir pekan]

Bonne nuit.

Selamat malam.
[selamat malam]

Il est l'heure que je parte.

Sudah waktunya saya pamit.
[sudah waktunja saja pamit]

Je dois m'en aller.

Saya harus pergi.
[saja harus pergi]

Je reviens tout de suite.

Saya akan segera kembali.
[saja akan segera kembali]

Il est tard.

Sudah larut.
[sudah larut]

Je dois me lever tôt.

Saya harus bangun pagi.
[saja harus baŋun pagi]

Je pars demain.

Saya pergi besok.
[saja pergi beso⁊]

Nous partons demain.

Kami pergi besok.
[kami pergi beso⁊]

Bon voyage!

Semoga perjalanan Anda menyenangkan!
[semoga perdʒ'alanan anda menjenaŋkan!]

Enchanté de faire votre connaissance.

Senang dapat berjumpa dengan Anda.
[senaŋ dapat berdʒ'umpa deŋan anda]

Heureux /Heureuse/ d'avoir parlé avec vous.	**Senang dapat berbincang dengan Anda.** [senaŋ dapat berbintʃaŋ deŋan anda]
Merci pour tout.	**Terima kasih atas segalanya.** [terima kasih atas segalanja]

Je me suis vraiment amusé /amusée/	**Saya senang sekali hari ini.** [saja senaŋ sekali hari ini]
Nous nous sommes vraiment amusés /amusées/	**Kami senang sekali hari ini.** [kami senaŋ sekali hari ini]
C'était vraiment plaisant.	**Hari yang luar biasa.** [hari jaŋ luar biasa]
Vous allez me manquer.	**Saya akan merindukan Anda.** [saja akan merindukan anda]
Vous allez nous manquer.	**Kami akan merindukan Anda.** [kami akan merindukan anda]

Bonne chance!	**Semoga berhasil!** [semoga berhasil!]
Mes salutations à …	**Sampaikan salam saya untuk ...** [sampajkan salam saja untuʔ ...]

Une langue étrangère

Je ne comprends pas.	**Saya tidak mengerti.** [saja tida' meŋerti]
Écrivez-le, s'il vous plaît.	**Tolong tuliskan.** [toloŋ tuliskan]
Parlez-vous ...?	**Apa Anda bisa berbahasa ...?** [apa anda bisa berbahasa ...?]
Je parle un peu ...	**Saya bisa sedikit berbahasa ...** [saja bisa sedikit berbahasa ...]
anglais	**Inggris** [iŋgris]
turc	**Turki** [turki]
arabe	**Arab** [arab]
français	**Perancis** [perantʃis]
allemand	**Jerman** [dʒ'erman]
italien	**Italia** [italia]
espagnol	**Spanyol** [spanjol]
portugais	**Portugis** [portugis]
chinois	**Mandarin** [mandarin]
japonais	**Jepang** [dʒ'epaŋ]
Pouvez-vous le répéter, s'il vous plaît.	**Bisakah Anda mengulanginya?** [bisakah anda meŋulaŋinja?]
Je comprends.	**Saya mengerti.** [saja meŋerti]
Je ne comprends pas.	**Saya tidak mengerti.** [saja tida' meŋerti]
Parlez plus lentement, s'il vous plaît.	**Tolong berbicara lebih lambat.** [toloŋ berbitʃara lebih lambat]
Est-ce que c'est correct?	**Apakah itu benar?** [apakah itu benar?]
Qu'est-ce que c'est?	**Apa ini? (Apa artinya ini?)** [apa ini? (apa artinja ini?)]

Les excuses

Excusez-moi, s'il vous plaît.	**Permisi.** [permisi]
Je suis désolé /désolée/	**Maaf.** [ma'af]
Je suis vraiment /désolée/	**Saya benar-benar minta maaf.** [saja benar-benar minta ma'af]
Désolé /Désolée/, c'est ma faute.	**Maaf, itu kesalahan saya.** [ma'af, itu kesalahan saja]
Au temps pour moi.	**Saya yang salah.** [saja jaŋ salah]
Puis-je ... ?	**Boleh saya ...?** [boleh saja ...?]
Ça vous dérange si je ...?	**Apakah Anda keberatan jika saya ...?** [apakah anda keberatan dʒika saja ...?]
Ce n'est pas grave.	**Tidak apa-apa.** [tida' apa-apa]
Ça va.	**Tidak apa-apa.** [tida' apa-apa]
Ne vous inquiétez pas.	**Jangan khawatir.** [dʒ'aŋan hawatir]

Les accords

Oui	**Ya.** [ja]
Oui, bien sûr.	**Ya, tentu saja.** [ja, tentu sadʒʲa]
Bien.	**Bagus!** [bagus!]
Très bien.	**Baiklah.** [baiklah]
Bien sûr!	**Tentu saja.** [tentu sadʒʲa]
Je suis d'accord.	**Saya setuju.** [saja setudʒʲu]

C'est correct.	**Betul.** [betul]
C'est exact.	**Benar.** [benar]
Vous avez raison.	**Anda benar.** [anda benar]
Je ne suis pas contre.	**Saya tidak keberatan.** [saja tidak keberatan]
Tout à fait correct.	**Benar sekali.** [benar sekali]

C'est possible.	**Mungkin saja.** [muŋkin sadʒʲa]
C'est une bonne idée.	**Ide bagus.** [ide bagus]
Je ne peux pas dire non.	**Saya tidak bisa menolaknya.** [saja tidaʔ bisa menolaknja]
J'en serai ravi /ravie/	**Dengan senang hati.** [deŋan senaŋ hati]
Avec plaisir.	**Dengan senang hati.** [deŋan senaŋ hati]

Refus, exprimer le doute

Non	**Tidak.** [tidaʔ]
Absolument pas.	**Tentu saja tidak.** [tentu saʤa tidaʔ]
Je ne suis pas d'accord.	**Saya tidak setuju.** [saja tidaʔ setuʤu]
Je ne le crois pas.	**Saya rasa tidak begitu.** [saja rasa tidaʔ begitu]
Ce n'est pas vrai.	**Tidak benar.** [tidaʔ benar]
Vous avez tort.	**Anda keliru.** [anda keliru]
Je pense que vous avez tort.	**Saya rasa Anda keliru.** [saja rasa anda keliru]
Je ne suis pas sûr /sûre/	**Saya kurang yakin.** [saja kuraŋ jakin]
C'est impossible.	**Tidak mungkin.** [tidaʔ muŋkin]
Pas du tout!	**Itu mengada-ada!** [itu meŋada-ada!]
Au contraire!	**Justru kebalikannya.** [ʤustru kebalikannja]
Je suis contre.	**Saya menentangnya.** [saja menentaŋnja]
Ça m'est égal.	**Saya tidak peduli.** [saja tidaʔ peduli]
Je n'ai aucune idée.	**Saya tidak tahu.** [saja tidaʔ tahu]
Je doute que cela soit ainsi.	**Saya meragukannya.** [saja meragukannja]
Désolé /Désolée/, je ne peux pas.	**Maaf, saya tidak bisa.** [maʔaf, saja tidaʔ bisa]
Désolé /Désolée/, je ne veux pas.	**Maaf, saya tidak mau.** [maʔaf, saja tidaʔ mau]
Merci, mais ça ne m'intéresse pas.	**Maaf, saya tidak membutuhkannya.** [maʔaf, saja tidaʔ membutuhkannja]
Il se fait tard.	**Sudah semakin larut.** [sudah semakin larut]

Je dois me lever tôt.

Saya harus bangun pagi.
[saja harus baŋun pagi]

Je ne me sens pas bien.

Saya tidak enak badan.
[saja tida' enak badan]

Exprimer la gratitude

Merci. | **Terima kasih.**
[terima kasih]

Merci beaucoup. | **Terima kasih banyak.**
[terima kasih banja²]

Je l'apprécie beaucoup. | **Saya sangat menghargainya.**
[saja saŋat meŋhargainja]

Je vous suis très reconnaissant. | **Saya sangat berterima kasih kepada Anda.**
[saja saŋat berterima kasih kepada anda]

Nous vous sommes très reconnaissant. | **Kami sangat berterima kasih kepada Anda.**
[kami saŋat berterima kasih kepada anda]

Merci pour votre temps. | **Terima kasih atas waktu Anda.**
[terima kasih atas waktu anda]

Merci pour tout. | **Terima kasih atas segalanya.**
[terima kasih atas segalanja]

Merci pour … | **Terima kasih atas ...**
[terima kasih atas ...]

votre aide | **bantuan Anda**
[bantuan anda]

les bons moments passés | **saat yang menyenangkan ini**
[sa²at jaŋ menjenaŋkan ini]

un repas merveilleux | **hidangan yang luar biasa ini**
[hidaŋan jaŋ luar biasa ini]

cette agréable soirée | **malam yang menyenangkan ini**
[malam jaŋ menjenaŋkan ini]

cette merveilleuse journée | **hari yang luar biasa ini**
[hari jaŋ luar biasa ini]

une excursion extraordinaire | **perjalanan yang menakjubkan ini**
[perdʒ'alanan jaŋ menakdʒ'ubkan ini]

Il n'y a pas de quoi. | **Jangan sungkan.**
[dʒ'aŋan suŋkan]

Vous êtes les bienvenus. | **Terima kasih kembali.**
[terima kasih kembali]

Mon plaisir. | **Sama-sama.**
[sama-sama]

J'ai été heureux /heureuse/ de vous aider. | **Dengan senang hati.**
[deŋan senaŋ hati]

Ça va. N'y pensez plus.　　　　　　**Jangan sungkan.**
[ʤˈaŋan suŋkan]

Ne vous inquiétez pas.　　　　　　**Jangan khawatir.**
[ʤˈaŋan hawatir]

Félicitations. Vœux de fête

Félicitations!	**Selamat!**
	[selamat!]
Joyeux anniversaire!	**Selamat ulang tahun!**
	[selamat ulaŋ tahun!]
Joyeux Noël!	**Selamat Natal!**
	[selamat natal!]
Bonne Année!	**Selamat Tahun Baru!**
	[selamat tahun baru!]
Joyeuses Pâques!	**Selamat Paskah!**
	[selamat paskah!]
Joyeux Hanoukka!	**Selamat Hanukkah!**
	[selamat hanuˀkah!]
Je voudrais proposer un toast.	**Saya ingin bersulang.**
	[saja iŋin bersulaŋ]
Santé!	**Bersulang!**
	[bersulaŋ!]
Buvons à ...!	**Mari bersulang demi ...!**
	[mari bersulaŋ demi ...!]
À notre succès!	**Demi keberhasilan kita!**
	[demi keberhasilan kita!]
À votre succès!	**Demi keberhasilan Anda!**
	[demi keberhasilan anda!]
Bonne chance!	**Semoga berhasil!**
	[semoga berhasil!]
Bonne journée!	**Semoga hari Anda menyenangkan!**
	[semoga hari anda menjenaŋkan!]
Passez de bonnes vacances !	**Selamat berlibur!**
	[selamat berlibur!]
Bon voyage!	**Semoga perjalanan Anda menyenangkan!**
	[semoga perdʒ'alanan anda menjenaŋkan!]
Rétablissez-vous vite.	**Semoga cepat sembuh!**
	[semoga tʃepat sembuh!]

Socialiser

Pourquoi êtes-vous si triste?	**Mengapa Anda sedih?** [meŋapa anda sedih?]
Souriez!	**Tersenyumlah! Bersemangatlah!** [tersenjumlah! bersemaŋatlah!]
Êtes-vous libre ce soir?	**Apa Anda punya waktu malam ini?** [apa anda punja waktu malam ini?]
Puis-je vous offrir un verre?	**Boleh saya ambilkan Anda minuman?** [boleh saja ambilkan anda minuman?]
Voulez-vous danser?	**Maukah Anda berdansa?** [maukah anda berdansa?]
Et si on va au cinéma?	**Mari kita ke bioskop.** [mari kita ke bioskop]
Puis-je vous inviter …	**Boleh saya ajak Anda ke …?** [boleh saja adʒ¡a' anda ke …?]
au restaurant	**restoran** [restoran]
au cinéma	**bioskop** [bioskop]
au théâtre	**teater** [teater]
pour une promenade	**jalan-jalan** [dʒ¡alan-dʒ¡alan]
À quelle heure?	**Jam berapa?** [dʒ¡am berapa?]
ce soir	**malam ini** [malam ini]
à six heures	**pada pukul enam** [pada pukul enam]
à sept heures	**pada pukul tujuh** [pada pukul tudʒ¡uh]
à huit heures	**pada pukul delapan** [pada pukul delapan]
à neuf heures	**pada pukul sembilan** [pada pukul sembilan]
Est-ce que vous aimez cet endroit?	**Apa Anda suka di sini?** [apa anda suka di sini?]
Êtes-vous ici avec quelqu'un?	**Apa Anda di sini bersama orang lain?** [apa anda di sini bersama oraŋ lain?]
Je suis avec mon ami.	**Saya bersama teman saya.** [saja bersama teman saja]

Je suis avec mes amis.

Saya bersama teman-teman saya.
[saja bersama teman-teman saja]

Non, je suis seul /seule/

Tidak, saya sendirian.
[tida', saja sendirian]

As-tu un copain?

Kamu punya pacar?
[kamu punja patʃar?]

J'ai un copain.

Aku punya pacar.
[aku punja patʃar]

As-tu une copine?

Kamu punya pacar?
[kamu punja patʃar?]

J'ai une copine.

Aku punya pacar.
[aku punja patʃar]

Est-ce que je peux te revoir?

Bolehkah aku menemuimu lagi?
[bolehkah aku menemuimu lagi?]

Est-ce que je peux t'appeler?

Bolehkah aku meneleponmu?
[bolehkah aku meneleponmu?]

Appelle-moi.

Telepon aku.
[telepon aku]

Quel est ton numéro?

Berapa nomor teleponmu?
[berapa nomor teleponmu?]

Tu me manques.

Aku merindukanmu.
[aku merindukanmu]

Vous avez un très beau nom.

Nama Anda bagus.
[nama anda bagus]

Je t'aime.

Aku mencintaimu.
[aku mentʃintajmu]

Veux-tu te marier avec moi?

Maukah kau menikah denganku?
[maukah kau menikah deŋanku?]

Vous plaisantez!

Anda bercanda!
[anda bertʃanda!]

Je plaisante.

Saya hanya bercanda.
[saja hanja bertʃanda]

Êtes-vous sérieux /sérieuse/?

Apa Anda serius?
[apa anda serius?]

Je suis sérieux /sérieuse/

Saya serius.
[saja serius]

Vraiment?!

Sungguh?!
[suŋguh?!]

C'est incroyable!

Tak bisa dipercaya!
[tak bisa dipertʃaja!]

Je ne vous crois pas.

Saya tidak percaya.
[saja tida' pertʃaja]

Je ne peux pas.

Saya tidak bisa.
[saja tida' bisa]

Je ne sais pas.

Saya tidak tahu.
[saja tida' tahu]

Je ne vous comprends pas	**Saya tidak mengerti sikap Anda.** [saja tida' meɲerti sikap anda]
Laissez-moi! Allez-vous-en!	**Silakan pergi saja.** [silakan pergi sadʒia]
Laissez-moi tranquille!	**Tinggalkan saya sendiri!** [tiŋgalkan saja sendiri!]
Je ne le supporte pas.	**Saya tidak tahan dengannya.** [saja tida' tahan deŋannja]
Vous êtes dégoûtant!	**Anda menjijikkan!** [anda mendʒidʒiʔkan!]
Je vais appeler la police!	**Saya akan telepon polisi!** [saja akan telepon polisi!]

Partager des impressions. Émotions

J'aime ça.	**Saya menyukainya.** [saja menjukainja]
C'est gentil.	**Bagus sekali.** [bagus sekali]
C'est super!	**Hebat!** [hebat!]
C'est assez bien.	**Lumayan.** [lumajan]
Je n'aime pas ça.	**Saya tidak menyukainya.** [saja tidaʔ menjukainja]
Ce n'est pas bien.	**Tidak bagus.** [tidaʔ bagus]
C'est mauvais.	**Jelek.** [dʒˈeleʔ]
Ce n'est pas bien du tout.	**Jelek sekali.** [dʒˈeleʔ sekali]
C'est dégoûtant.	**Menjijikkan.** [mendʒidʒiʔkan]
Je suis content /contente/	**Saya senang.** [saja senaŋ]
Je suis heureux /heureuse/	**Saya puas.** [saja puas]
Je suis amoureux /amoureuse/	**Saya sedang jatuh cinta.** [saja sedaŋ dʒˈatuh tʃinta]
Je suis calme.	**Saya tenang.** [saja tenaŋ]
Je m'ennuie.	**Saya bosan.** [saja bosan]
Je suis fatigué /fatiguée/	**Saya lelah.** [saja lelah]
Je suis triste.	**Saya sedih.** [saja sedih]
J'ai peur.	**Saya takut.** [saja takut]
Je suis fâché /fâchée/	**Saya marah.** [saja marah]
Je suis inquiet /inquiète/	**Saya khawatir.** [saja hawatir]
Je suis nerveux /nerveuse/	**Saya gugup.** [saja gugup]

Je suis jaloux /jalouse/ **Saya cemburu.**
[saja tʃemburu]

Je suis surpris /surprise/ **Saya terkejut.**
[saja terkedʒʲut]

Je suis gêné /gênée/ **Saya bingung.**
[saja biŋuŋ]

Problèmes. Accidents

J'ai un problème.	**Saya sedang kesulitan.** [saja sedaŋ kesulitan]
Nous avons un problème.	**Kami sedang kesulitan.** [kami sedaŋ kesulitan]
Je suis perdu /perdue/	**Saya tersesat.** [saja tersesat]
J'ai manqué le dernier bus (train).	**Saya tertinggal bus (kereta) terakhir.** [saja tertiŋgal bus (kereta) terahir]
Je n'ai plus d'argent.	**Saya tidak punya uang lagi.** [saja tidak punja uaŋ lagi]

J'ai perdu mon ...	**... saya hilang.** [... saja hilaŋ]
On m'a volé mon ...	**... saya kecurian.** [... saja ketʃurian]

passeport	**paspor** [paspor]
portefeuille	**dompet** [dompet]
papiers	**dokumen** [dokumen]
billet	**tiket** [tiket]

argent	**uang** [uaŋ]
sac à main	**tas** [tas]
appareil photo	**kamera** [kamera]
portable	**laptop** [laptop]
ma tablette	**komputer tablet** [komputer tablet]
mobile	**ponsel** [ponsel]

Au secours!	**Tolong!** [toloŋ!]
Qu'est-il arrivé?	**Ada apa?** [ada apa?]
un incendie	**kebakaran** [kebakaran]

des coups de feu	**penembakan** [penembakan]
un meurtre	**pembunuhan** [pembunuhan]
une explosion	**ledakan** [ledakan]
une bagarre	**perkelahian** [perkelahian]

Appelez la police!	**Telepon polisi!** [telepon polisi!]
Dépêchez-vous, s'il vous plaît!	**Cepat!** [ʧepat!]
Je cherche le commissariat de police.	**Saya sedang mencari kantor polisi.** [saja sedaŋ menʧari kantor polisi]
Il me faut faire un appel.	**Saya perlu menelepon.** [saja perlu menelepon]
Puis-je utiliser votre téléphone?	**Bolehkah saya meminjam telepon Anda?** [bolehkah saja memindʒam telepon anda?]

J'ai été …	**Saya telah ...** [saja telah ...]
agressé /agressée/	**ditodong** [ditodoŋ]
volé /volée/	**dirampok** [dirampoʔ]
violée	**diperkosa** [diperkosa]
attaqué /attaquée/	**diserang** [diseraŋ]

Est-ce que ça va?	**Anda tidak apa-apa?** [anda tidaʔ apa-apa?]
Avez-vous vu qui c'était?	**Apa Anda melihat pelakunya?** [apa anda melihat pelakunja?]
Pourriez-vous reconnaître cette personne?	**Bisakah Anda mengenali pelakunya?** [bisakah anda meŋenali pelakunja?]
Vous êtes sûr?	**Anda yakin?** [anda jakin?]

Calmez-vous, s'il vous plaît.	**Tenanglah dulu.** [tenaŋlah dulu]
Calmez-vous!	**Tenangkan diri Anda!** [tenaŋkan diri anda!]
Ne vous inquiétez pas.	**Jangan khawatir!** [dʒʲaŋan hawatir!]
Tout ira bien.	**Semuanya akan baik-baik saja.** [semuanja akan baiʔ-baiʔ sadʒʲa]
Ça va. Tout va bien.	**Semuanya baik-baik saja.** [semuanja baiʔ-baiʔ sadʒʲa]

Venez ici, s'il vous plaît.

Kemarilah.
[kemarilah]

J'ai des questions à vous poser.

Saya ingin menanyakan beberapa pertanyaan.
[saja iŋin menanjakan beberapa pertanja'an]

Attendez un moment, s'il vous plaît.

Tunggulah sebentar.
[tuŋgulah sebentar]

Avez-vous une carte d'identité?

Apa Anda punya kartu pengenal?
[apa anda punja kartu peŋenal?]

Merci. Vous pouvez partir maintenant.

Terima kasih. Anda boleh pergi sekarang.
[terima kasih. anda boleh pergi sekaraŋ]

Les mains derrière la tête!

Tangan di belakang kepala!
[taŋan di belakaŋ kepala!]

Vous êtes arrêté!

Anda ditangkap!
[anda ditaŋkap!]

Problèmes de santé

Aidez-moi, s'il vous plaît.	**Tolong bantu saya.** [toloŋ bantu saja]
Je ne me sens pas bien.	**Saya tidak enak badan.** [saja tidaʔ enaʔ badan]
Mon mari ne se sent pas bien.	**Suami saya tidak enak badan.** [suami saja tidaʔ enaʔ badan]
Mon fils …	**Anak laki-laki saya …** [anaʔ laki-laki saja …]
Mon père …	**Ayah saya …** [ajah saja …]
Ma femme ne se sent pas bien.	**Istri saya tidak enak badan.** [istri saja tidaʔ enaʔ badan]
Ma fille …	**Anak perempuan saya …** [anaʔ perempuan saja …]
Ma mère …	**Ibu saya …** [ibu saja …]
J'ai mal …	**Saya …** [saja …]
à la tête	**sakit kepala** [sakit kepala]
à la gorge	**sakit tenggorokan** [sakit teŋgorokan]
à l'estomac	**sakit perut** [sakit perut]
aux dents	**sakit gigi** [sakit gigi]
J'ai le vertige.	**Saya merasa pusing.** [saja merasa pusiŋ]
Il a de la fièvre.	**Dia demam.** [dia demam]
Elle a de la fièvre.	**Dia demam.** [dia demam]
Je ne peux pas respirer.	**Saya tak dapat bernapas.** [saja taʔ dapat bernapas]
J'ai du mal à respirer.	**Saya sesak napas.** [saja sesaʔ napas]
Je suis asthmatique.	**Saya menderita asma.** [saja menderita asma]
Je suis diabétique.	**Saya menderita diabetes.** [saja menderita diabetes]

Je ne peux pas dormir.	**Saya susah tidur.** [saja susah tidur]
intoxication alimentaire	**keracunan makanan** [keratʃunan makanan]
Ça fait mal ici.	**Sakitnya di sini.** [sakitnja di sini]
Aidez-moi!	**Tolong!** [toloŋ!]
Je suis ici!	**Saya di sini!** [saja di sini!]
Nous sommes ici!	**Kami di sini!** [kami di sini!]
Sortez-moi d'ici!	**Keluarkan saya dari sini!** [keluarkan saja dari sini!]
J'ai besoin d'un docteur.	**Saya perlu dokter.** [saja perlu dokter]
Je ne peux pas bouger!	**Saya tak dapat bergerak.** [saja taʔ dapat bergeraʔ]
Je ne peux pas bouger mes jambes.	**Kaki saya tak dapat digerakkan.** [kaki saja taʔ dapat digeraʔkan]
Je suis blessé /blessée/	**Saya terluka.** [saja terluka]
Est-ce que c'est sérieux?	**Apakah serius?** [apakah serius?]
Mes papiers sont dans ma poche.	**Dokumen saya ada di saku.** [dokumen saja ada di saku]
Calmez-vous!	**Tenanglah dulu!** [tenaŋlah dulu!]
Puis-je utiliser votre téléphone?	**Bolehkah saya meminjam telepon Anda?** [bolehkah saja memindʒam telepon anda?]
Appelez une ambulance!	**Panggil ambulans!** [paŋgil ambulans!]
C'est urgent!	**Ini mendesak!** [ini mendesaʔ!]
C'est une urgence!	**Ini darurat!** [ini darurat!]
Dépêchez-vous, s'il vous plaît!	**Cepat!** [tʃepat!]
Appelez le docteur, s'il vous plaît.	**Maukah Anda memanggilkan dokter?** [maukah anda memaŋgilkan dokter?]
Où est l'hôpital?	**Di mana rumah sakitnya?** [di mana rumah sakitnja?]
Comment vous sentez-vous?	**Bagaimana perasaan Anda?** [bagajmana perasaʔan anda?]
Est-ce que ça va?	**Anda tidak apa-apa?** [anda tidaʔ apa-apa?]

Qu'est-il arrivé?	**Ada apa?** [ada apa?]
Je me sens mieux maintenant.	**Saya merasa baikan sekarang.** [saja merasa baikan sekaraŋ]
Ça va. Tout va bien.	**Tidak apa-apa.** [tida' apa-apa]
Ça va.	**Tidak apa-apa.** [tida' apa-apa]

À la pharmacie

pharmacie	**apotek** [apote']
pharmacie 24 heures	**apotek 24 jam** [apote' dua puluh empat dʒiam]
Où se trouve la pharmacie la plus proche?	**Di mana apotek terdekat?** [di mana apote' terdekat?]
Est-elle ouverte en ce moment?	**Apa buka sekarang?** [apa buka sekaraŋ?]
À quelle heure ouvre-t-elle?	**Pukup berapa buka?** [pukup berapa buka?]
à quelle heure ferme-t-elle?	**Pukul berapa tutup?** [pukul berapa tutup?]
C'est loin?	**Apakah tempatnya jauh?** [apakah tempatnja dʒauh?]
Est-ce que je peux y aller à pied?	**Bisakah saya berjalan kaki ke sana?** [bisakah saja berdʒalan kaki ke sana?]
Pouvez-vous me le montrer sur la carte?	**Bisakah Anda tunjukkan di peta?** [bisakah anda tundʒu'kan di peta?]
Pouvez-vous me donner quelque chose contre ...	**Berikan saya obat untuk ...** [berikan saja obat untu' ...]
le mal de tête	**sakit kepala** [sakit kepala]
la toux	**batuk** [batu']
le rhume	**masuk angin** [masu' aŋin]
la grippe	**flu** [flu]
la fièvre	**demam** [demam]
un mal d'estomac	**sakit perut** [sakit perut]
la nausée	**mual** [mual]
la diarrhée	**diare** [diare]
la constipation	**sembelit** [sembelit]
un mal de dos	**nyeri punggung** [njeri puŋguŋ]

les douleurs de poitrine	**nyeri dada** [njeri dada]
les points de côté	**kram perut** [kram perut]
les douleurs abdominales	**nyeri perut** [njeri perut]

une pilule	**pil** [pil]
un onguent, une crème	**salep, krim** [salep, krim]
un sirop	**sirop** [sirop]
un spray	**semprot** [semprot]
les gouttes	**tetes** [tetes]

Vous devez allez à l'hôpital.	**Anda perlu ke rumah sakit.** [anda perlu ke rumah sakit]
assurance maladie	**asuransi kesehatan** [asuransi kesehatan]
prescription	**resep** [resep]
produit anti-insecte	**obat antinyamuk** [obat antinjamu']
bandages adhésifs	**plester pembalut** [plester pembalut]

Les essentiels

Excusez-moi, …	**Permisi, …** [permisi, …]
Bonjour	**Halo.** [halo]
Merci	**Terima kasih.** [terima kasih]
Au revoir	**Selamat tinggal.** [slamat tiŋgal]
Oui	**Ya.** [ja]
Non	**Tidak.** [tidaʔ]
Je ne sais pas.	**Saya tidak tahu.** [saja tidaʔ tahu]
Où? | Où? | Quand?	**Di mana? | Ke mana? | Kapan?** [di mana? | ke mana? | kapan?]
J'ai besoin de …	**Saya perlu …** [saja perlu …]
Je veux …	**Saya ingin …** [saja iŋin …]
Avez-vous … ?	**Apa Anda punya …?** [apa anda punja …?]
Est-ce qu'il y a … ici?	**Apa ada … di sini?** [apa ada … di sini?]
Puis-je … ?	**Boleh saya …?** [boleh saja …?]
s'il vous plaît (pour une demande)	**Tolong, …** [toloŋ, …]
Je cherche …	**Saya sedang mencari …** [saja sedaŋ mentʃari …]
les toilettes	**kamar kecil** [kamar ketʃil]
un distributeur	**ATM** [a-te-em]
une pharmacie	**apotek** [apoteʔ]
l'hôpital	**rumah sakit** [rumah sakit]
le commissariat de police	**kantor polisi** [kantor polisi]
une station de métro	**stasiun bawah tanah** [stasiun bawah tanah]

un taxi	**taksi** [taksi]
la gare	**stasiun kereta api** [stasiun kereta api]

Je m'appelle ...	**Nama saya ...** [nama saja ...]
Comment vous appelez-vous?	**Siapa nama Anda?** [siapa nama anda?]
Aidez-moi, s'il vous plaît.	**Bisakah Anda menolong saya?** [bisakah anda menoloŋ saja?]
J'ai un problème.	**Saya sedang kesulitan.** [saja sedaŋ kesulitan]
Je ne me sens pas bien.	**Saya tidak enak badan.** [saja tida' enak badan]
Appelez une ambulance!	**Panggil ambulans!** [paŋgil ambulans!]
Puis-je faire un appel?	**Boleh saya menelepon?** [boleh saja menelepon?]

Excusez-moi.	**Maaf.** [ma'af]
Je vous en prie.	**Terima kasih kembali.** [terima kasih kembali]

je, moi	**Saya, aku** [saja, aku]
tu, toi	**kamu, kau** [kamu, kau]
il	**dia, ia** [dia, ia]
elle	**dia, ia** [dia, ia]
ils	**mereka** [mereka]
elles	**mereka** [mereka]
nous	**kami** [kami]
vous	**kalian** [kalian]
Vous	**Anda** [anda]

ENTRÉE	**MASUK** [masu']
SORTIE	**KELUAR** [keluar]
HORS SERVICE	EN PANNE	**TIDAK DAPAT DIGUNAKAN** [tida' dapat digunakan]
FERMÉ	**TUTUP** [tutup]

OUVERT	**BUKA** [buka]
POUR LES FEMMES	**UNTUK PEREMPUAN** [untuʾ perempuan]
POUR LES HOMMES	**UNTUK LAKI-LAKI** [untuʾ laki-laki]

T&p BOOKS

DICTIONNAIRE CONCIS

Cette section contient plus
de 1500 mots les plus utilisés.
Le dictionnaire inclut beaucoup
de termes gastronomiques
et peut être utile lorsque
vous faites le marché
ou commandez des plats
au restaurant

T&P Books Publishing

CONTENU DU DICTIONNAIRE

T&P Books Publishing

T&P Books Publishing

temps (m)	waktu	[waktu]
heure (f)	jam	[dʒʲam]
demi-heure (f)	setengah jam	[setəŋah dʒʲam]
minute (f)	menit	[menit]
seconde (f)	detik	[detiʔ]

aujourd'hui (adv)	hari ini	[hari ini]
demain (adv)	besok	[besoʔ]
hier (adv)	kemarin	[kemarin]

lundi (m)	Hari Senin	[hari senin]
mardi (m)	Hari Selasa	[hari selasa]
mercredi (m)	Hari Rabu	[hari rabu]
jeudi (m)	Hari Kamis	[hari kamis]
vendredi (m)	Hari Jumat	[hari dʒʲumat]
samedi (m)	Hari Sabtu	[hari sabtu]
dimanche (m)	Hari Minggu	[hari miŋgu]

jour (m)	hari	[hari]
jour (m) ouvrable	hari kerja	[hari kerdʒʲa]
jour (m) férié	hari libur	[hari libur]
week-end (m)	akhir pekan	[ahir pekan]

semaine (f)	minggu	[miŋgu]
la semaine dernière	minggu lalu	[miŋgu lalu]
la semaine prochaine	minggu berikutnya	[miŋgu bərikutnja]

| lever (m) du soleil | matahari terbit | [matahari tərbit] |
| coucher (m) du soleil | matahari terbenam | [matahari tərbenam] |

le matin	pada pagi hari	[pada pagi hari]
dans l'après-midi	pada sore hari	[pada sore hari]
le soir	waktu sore	[waktu sore]
ce soir	sore ini	[sore ini]
la nuit	pada malam hari	[pada malam hari]
minuit (f)	tengah malam	[teŋah malam]

janvier (m)	Januari	[dʒʲanuari]
février (m)	Februari	[februari]
mars (m)	Maret	[maret]
avril (m)	April	[april]
mai (m)	Mei	[mei]
juin (m)	Juni	[dʒʲuni]
juillet (m)	Juli	[dʒʲuli]
août (m)	Augustus	[augustus]

septembre (m)	**September**	[september]
octobre (m)	**Oktober**	[oktober]
novembre (m)	**November**	[november]
décembre (m)	**Desember**	[desember]
au printemps	**pada musim semi**	[pada musim semi]
en été	**pada musim panas**	[pada musim panas]
en automne	**pada musim gugur**	[pada musim gugur]
en hiver	**pada musim dingin**	[pada musim diŋin]
mois (m)	**bulan**	[bulan]
saison (f)	**musim**	[musim]
année (f)	**tahun**	[tahun]
siècle (m)	**abad**	[abad]

2. Nombres. Adjectifs numéraux

chiffre (m)	**angka**	[aŋka]
nombre (m)	**nomor**	[nomor]
moins (m)	**minus**	[minus]
plus (m)	**plus**	[plus]
somme (f)	**jumlah**	[dʒ'umlah]
premier (adj)	**pertama**	[pertama]
deuxième (adj)	**kedua**	[kedua]
troisième (adj)	**ketiga**	[ketiga]
zéro	**nol**	[nol]
un	**satu**	[satu]
deux	**dua**	[dua]
trois	**tiga**	[tiga]
quatre	**empat**	[empat]
cinq	**lima**	[lima]
six	**enam**	[enam]
sept	**tujuh**	[tudʒ'uh]
huit	**delapan**	[delapan]
neuf	**sembilan**	[sembilan]
dix	**sepuluh**	[sepuluh]
onze	**sebelas**	[sebelas]
douze	**dua belas**	[dua belas]
treize	**tiga belas**	[tiga belas]
quatorze	**empat belas**	[empat belas]
quinze	**lima belas**	[lima belas]
seize	**enam belas**	[enam belas]
dix-sept	**tujuh belas**	[tudʒ'uh belas]
dix-huit	**delapan belas**	[delapan belas]
dix-neuf	**sembilan belas**	[sembilan belas]

vingt	**dua puluh**	[dua puluh]
trente	**tiga puluh**	[tiga puluh]
quarante	**empat puluh**	[empat puluh]
cinquante	**lima puluh**	[lima puluh]
soixante	**enam puluh**	[enam puluh]
soixante-dix	**tujuh puluh**	[tudʒʲuh puluh]
quatre-vingts	**delapan puluh**	[delapan puluh]
quatre-vingt-dix	**sembilan puluh**	[sembilan puluh]
cent	**seratus**	[seratus]
deux cents	**dua ratus**	[dua ratus]
trois cents	**tiga ratus**	[tiga ratus]
quatre cents	**empat ratus**	[empat ratus]
cinq cents	**lima ratus**	[lima ratus]
six cents	**enam ratus**	[enam ratus]
sept cents	**tujuh ratus**	[tudʒʲuh ratus]
huit cents	**delapan ratus**	[delapan ratus]
neuf cents	**sembilan ratus**	[sembilan ratus]
mille	**seribu**	[seribu]
dix mille	**sepuluh ribu**	[sepuluh ribu]
cent mille	**seratus ribu**	[seratus ribu]
million (m)	**juta**	[dʒʲuta]
milliard (m)	**miliar**	[miliar]

3. L'être humain. La famille

homme (m)	**laki-laki, pria**	[laki-laki], [pria]
jeune homme (m)	**pemuda**	[pemuda]
adolescent (m)	**remaja**	[remadʒʲa]
femme (f)	**perempuan, wanita**	[perempuan], [wanita]
jeune fille (f)	**gadis**	[gadis]
âge (m)	**umur**	[umur]
adulte (m)	**dewasa**	[dewasa]
d'âge moyen (adj)	**paruh baya**	[paruh baja]
âgé (adj)	**lansia**	[lansia]
vieux (adj)	**tua**	[tua]
vieillard (m)	**lelaki tua**	[lelaki tua]
vieille femme (f)	**perempuan tua**	[perempuan tua]
retraite (f)	**pensiun**	[pensiun]
prendre sa retraite	**pensiun**	[pensiun]
retraité (m)	**pensiunan**	[pensiunan]
mère (f)	**ibu**	[ibu]
père (m)	**ayah**	[ajah]
fils (m)	**anak lelaki**	[ana' lelaki]
fille (f)	**anak perempuan**	[ana' perempuan]

frère (m)	saudara lelaki	[saudara lelaki]
frère (m) aîné	kakak lelaki	[kaka' lelaki]
frère (m) cadet	adik lelaki	[adi' lelaki]
sœur (f)	saudara perempuan	[saudara perempuan]
sœur (f) aînée	kakak perempuan	[kaka' perempuan]
sœur (f) cadette	adik perempuan	[adi' perempuan]
parents (m pl)	orang tua	[oraŋ tua]
enfant (m, f)	anak	[ana']
enfants (pl)	anak-anak	[ana'-ana']
belle-mère (f)	ibu tiri	[ibu tiri]
beau-père (m)	ayah tiri	[ajah tiri]
grand-mère (f)	nenek	[nene']
grand-père (m)	kakek	[kake']
petit-fils (m)	cucu laki-laki	[ʧuʧu laki-laki]
petite-fille (f)	cucu perempuan	[ʧuʧu perempuan]
petits-enfants (pl)	cucu	[ʧuʧu]
oncle (m)	paman	[paman]
tante (f)	bibi	[bibi]
neveu (m)	keponakan laki-laki	[keponakan laki-laki]
nièce (f)	keponakan perempuan	[keponakan perempuan]
femme (f)	istri	[istri]
mari (m)	suami	[suami]
marié (adj)	menikah, beristri	[menikah], [beristri]
mariée (adj)	menikah, bersuami	[menikah], [bersuami]
veuve (f)	janda	[dʒʲanda]
veuf (m)	duda	[duda]
prénom (m)	nama, nama depan	[nama], [nama depan]
nom (m) de famille	nama keluarga	[nama keluarga]
parent (m)	kerabat	[kerabat]
ami (m)	sahabat	[sahabat]
amitié (f)	persahabatan	[persahabatan]
partenaire (m)	mitra	[mitra]
supérieur (m)	atasan	[atasan]
collègue (m, f)	kolega	[kolega]
voisins (m pl)	para tetangga	[para tetaŋga]

4. Le corps humain. L'anatomie

organisme (m)	organisme	[organisme]
corps (m)	tubuh	[tubuh]
cœur (m)	jantung	[dʒʲantuŋ]
sang (m)	darah	[darah]
cerveau (m)	otak	[ota']

nerf (m)	**saraf**	[saraf]
os (m)	**tulang**	[tulaŋ]
squelette (f)	**skelet, rangka**	[skelet], [raŋka]
colonne (f) vertébrale	**tulang belakang**	[tulaŋ belakaŋ]
côte (f)	**tulang rusuk**	[tulaŋ rusuˀ]
crâne (m)	**tengkorak**	[teŋkoraˀ]
muscle (m)	**otot**	[otot]
poumons (m pl)	**paru-paru**	[paru-paru]
peau (f)	**kulit**	[kulit]
tête (f)	**kepala**	[kepala]
visage (m)	**wajah**	[waʤʲah]
nez (m)	**hidung**	[hiduŋ]
front (m)	**dahi**	[dahi]
joue (f)	**pipi**	[pipi]
bouche (f)	**mulut**	[mulut]
langue (f)	**lidah**	[lidah]
dent (f)	**gigi**	[gigi]
lèvres (f pl)	**bibir**	[bibir]
menton (m)	**dagu**	[dagu]
oreille (f)	**telinga**	[teliŋa]
cou (m)	**leher**	[leher]
gorge (f)	**tenggorok**	[teŋgoroˀ]
œil (m)	**mata**	[mata]
pupille (f)	**pupil, biji mata**	[pupil], [biʤi mata]
sourcil (m)	**alis**	[alis]
cil (m)	**bulu mata**	[bulu mata]
cheveux (m pl)	**rambut**	[rambut]
coiffure (f)	**tatanan rambut**	[tatanan rambut]
moustache (f)	**kumis**	[kumis]
barbe (f)	**janggut**	[ʤʲaŋgut]
porter (~ la barbe)	**memelihara**	[memelihara]
chauve (adj)	**botak, plontos**	[botak], [plontos]
main (f)	**tangan**	[taŋan]
bras (m)	**lengan**	[leŋan]
doigt (m)	**jari**	[ʤʲari]
ongle (m)	**kuku**	[kuku]
paume (f)	**telapak**	[telapaˀ]
épaule (f)	**bahu**	[bahu]
jambe (f)	**kaki**	[kaki]
pied (m)	**telapak kaki**	[telapaˀ kaki]
genou (m)	**lutut**	[lutut]
talon (m)	**tumit**	[tumit]
dos (m)	**punggung**	[puŋguŋ]
taille (f) (~ de guêpe)	**pinggang**	[piŋgaŋ]

grain (m) de beauté	**tanda lahir**	[tanda lahir]
tache (f) de vin	**tanda lahir**	[tanda lahir]

5. Les maladies. Les médicaments

santé (f)	**kesehatan**	[kesehatan]
en bonne santé	**sehat**	[sehat]
maladie (f)	**penyakit**	[penjakit]
être malade	**sakit**	[sakit]
malade (adj)	**sakit**	[sakit]
refroidissement (m)	**pilek, selesma**	[pilek], [selesma]
prendre froid	**masuk angin**	[masuˀ aŋin]
angine (f)	**radang tonsil**	[radaŋ tonsil]
pneumonie (f)	**radang paru-paru**	[radaŋ paru-paru]
grippe (f)	**flu**	[flu]
rhume (m) (coryza)	**hidung meler**	[hiduŋ meler]
toux (f)	**batuk**	[batuˀ]
tousser (vi)	**batuk**	[batuˀ]
éternuer (vi)	**bersin**	[bersin]
insulte (f)	**stroke**	[stroke]
crise (f) cardiaque	**infark**	[infarˀ]
allergie (f)	**alergi**	[alergi]
asthme (m)	**asma**	[asma]
diabète (m)	**diabetes**	[diabetes]
tumeur (f)	**tumor**	[tumor]
cancer (m)	**kanker**	[kanker]
alcoolisme (m)	**alkoholisme**	[alkoholisme]
SIDA (m)	**AIDS**	[ajds]
fièvre (f)	**demam**	[demam]
mal (m) de mer	**mabuk laut**	[mabuˀ laut]
bleu (m)	**luka memar**	[luka memar]
bosse (f)	**bengkak**	[beŋkaˀ]
boiter (vi)	**pincang**	[pintʃaŋ]
foulure (f)	**keseleo**	[keseleo]
se démettre (l'épaule, etc.)	**keseleo**	[keseleo]
fracture (f)	**fraktura, patah tulang**	[fraktura], [patah tulaŋ]
brûlure (f)	**luka bakar**	[luka bakar]
blessure (f)	**cedera**	[tʃedera]
douleur (f)	**sakit**	[sakit]
mal (m) de dents	**sakit gigi**	[sakit gigi]
suer (vi)	**berkeringat**	[berkeriŋat]
sourd (adj)	**tunarungu**	[tunaruŋu]
muet (adj)	**tunawicara**	[tunawitʃara]

immunité (f)	imunitas	[imunitas]
virus (m)	virus	[virus]
microbe (m)	mikroba	[mikroba]
bactérie (f)	bakteri	[bakteri]
infection (f)	infeksi	[infeksi]

hôpital (m)	rumah sakit	[rumah sakit]
cure (f) (faire une ~)	perawatan	[pərawatan]
vacciner (vt)	memvaksinasi	[memvaksinasi]
être dans le coma	dalam keadaan koma	[dalam keada'an koma]
réanimation (f)	perawatan intensif	[pərawatan intensif]
symptôme (m)	gejala	[gedʒ'ala]
pouls (m)	denyut nadi	[denyut nadi]

6. Les sensations. Les émotions. La communication

je	saya, aku	[saja], [aku]
tu	engkau, kamu	[eŋkau], [kamu]
il, elle, ça	beliau, dia, ia	[beliau], [dia], [ia]

nous	kami, kita	[kami], [kita]
vous	kalian	[kalian]
vous (form., sing.)	Anda	[anda]
vous (form., pl)	Anda sekalian	[anda sekalian]
ils, elles	mereka	[mereka]
Bonjour! (fam.)	Halo!	[halo!]
Bonjour! (form.)	Halo!	[halo!]
Bonjour! (le matin)	Selamat pagi!	[slamat pagi!]
Bonjour! (après-midi)	Selamat siang!	[slamat siaŋ!]
Bonsoir!	Selamat sore!	[slamat sore!]

dire bonjour	menyapa	[mənjapa]
saluer (vt)	menyambut	[mənjambut]
Comment ça va?	Apa kabar?	[apa kabar?]
Au revoir! (form.)	Selamat tinggal!	[slamat tingal!],
	Selamat jalan!	[slamat dʒ'alan!]
Au revoir! (fam.)	Dadah!	[dadah!]
Merci!	Terima kasih!	[tərima kasih!]

sentiments (m pl)	perasaan	[pərasa'an]
avoir faim	lapar	[lapar]
avoir soif	haus	[haus]
fatigué (adj)	lelah	[lelah]

s'inquiéter (vp)	khawatir	[hawatir]
s'énerver (vp)	gugup, gelisah	[gugup], [gelisah]
espoir (m)	harapan	[harapan]
espérer (vi)	berharap	[bərharap]
caractère (m)	watak	[wata']
modeste (adj)	rendah hati	[rendah hati]

paresseux (adj)	**malas**	[malas]
généreux (adj)	**murah hati**	[murah hati]
doué (adj)	**berbakat**	[bərbakat]
honnête (adj)	**jujur**	[dʒʲudʒʲur]
sérieux (adj)	**serius**	[serius]
timide (adj)	**malu**	[malu]
sincère (adj)	**ikhlas**	[ihlas]
peureux (m)	**penakut**	[penakut]
dormir (vi)	**tidur**	[tidur]
rêve (m)	**mimpi**	[mimpi]
lit (m)	**ranjang**	[randʒʲaŋ]
oreiller (m)	**bantal**	[bantal]
insomnie (f)	**insomnia**	[insomnia]
aller se coucher	**tidur**	[tidur]
cauchemar (m)	**mimpi buruk**	[mimpi buruʔ]
réveil (m)	**weker**	[weker]
sourire (m)	**senyuman**	[senyuman]
sourire (vi)	**tersenyum**	[tərsenyum]
rire (vi)	**tertawa**	[tərtawa]
dispute (f)	**pertengkaran**	[pərteŋkaran]
insulte (f)	**penghinaan**	[peŋhinaʔan]
offense (f)	**perasaan tersinggung**	[pərasaʔan tərsiŋguŋ]
fâché (adj)	**marah**	[marah]

7. Les vêtements. Les accessoires personnels

vêtement (m)	**pakaian**	[pakajan]
manteau (m)	**mantel**	[mantel]
manteau (m) de fourrure	**mantel bulu**	[mantel bulu]
veste (f) (~ en cuir)	**jaket**	[dʒʲaket]
imperméable (m)	**jas hujan**	[dʒʲas hudʒʲan]
chemise (f)	**kemeja**	[kemedʒʲa]
pantalon (m)	**celana**	[tʃelana]
veston (m)	**jas**	[dʒʲas]
complet (m)	**setelan**	[setelan]
robe (f)	**gaun**	[gaun]
jupe (f)	**rok**	[roʔ]
tee-shirt (m)	**baju kaus**	[badʒʲu kaus]
peignoir (m) de bain	**jubah mandi**	[dʒʲubah mandi]
pyjama (m)	**piyama**	[piyama]
tenue (f) de travail	**pakaian kerja**	[pakajan kerdʒʲa]
sous-vêtements (m pl)	**pakaian dalam**	[pakajan dalam]
chaussettes (f pl)	**kaus kaki**	[kaus kaki]

soutien-gorge (m)	**beha**	[beha]
collants (m pl)	**pantihos**	[pantihos]
bas (m pl)	**kaus kaki panjang**	[kaus kaki pandʒiaŋ]
maillot (m) de bain	**baju renang**	[badʒiu renaŋ]
chapeau (m)	**topi**	[topi]
chaussures (f pl)	**sepatu**	[sepatu]
bottes (f pl)	**sepatu lars**	[sepatu lars]
talon (m)	**tumit**	[tumit]
lacet (m)	**tali sepatu**	[tali sepatu]
cirage (m)	**semir sepatu**	[semir sepatu]
coton (m)	**katun**	[katun]
laine (f)	**wol**	[wol]
fourrure (f)	**kulit berbulu**	[kulit bərbulu]
gants (m pl)	**sarung tangan**	[saruŋ taŋan]
moufles (f pl)	**sarung tangan**	[saruŋ taŋan]
écharpe (f)	**selendang**	[selendaŋ]
lunettes (f pl)	**kacamata**	[katʃamata]
parapluie (m)	**payung**	[pajuŋ]
cravate (f)	**dasi**	[dasi]
mouchoir (m)	**sapu tangan**	[sapu taŋan]
peigne (m)	**sisir**	[sisir]
brosse (f) à cheveux	**sikat rambut**	[sikat rambut]
boucle (f)	**gesper**	[gesper]
ceinture (f)	**sabuk**	[sabuʔ]
sac (m) à main	**tas tangan**	[tas taŋan]
col (m)	**kerah**	[kerah]
poche (f)	**saku**	[saku]
manche (f)	**lengan**	[leŋan]
braguette (f)	**golbi**	[golbi]
fermeture (f) à glissière	**ritsleting**	[ritsletiŋ]
bouton (m)	**kancing**	[kantʃiŋ]
se salir (vp)	**kena kotor**	[kena kotor]
tache (f)	**bercak**	[bertʃaʔ]

8. La ville. Les établissements publics

magasin (m)	**toko**	[toko]
centre (m) commercial	**toserba**	[toserba]
supermarché (m)	**pasar swalayan**	[pasar swalajan]
magasin (m) de chaussures	**toko sepatu**	[toko sepatu]
librairie (f)	**toko buku**	[toko buku]
pharmacie (f)	**apotek, toko obat**	[apotek], [toko obat]
boulangerie (f)	**toko roti**	[toko roti]

pâtisserie (f)	**toko kue**	[toko kue]
épicerie (f)	**toko pangan**	[toko paŋan]
boucherie (f)	**toko daging**	[toko dagiŋ]
magasin (m) de légumes	**toko sayur**	[toko sajur]
marché (m)	**pasar**	[pasar]
salon (m) de coiffure	**salon rambut**	[salon rambut]
poste (f)	**kantor pos**	[kantor pos]
pressing (m)	**penatu kimia**	[penatu kimia]
cirque (m)	**sirkus**	[sirkus]
zoo (m)	**kebun binatang**	[kebun binataŋ]
théâtre (m)	**teater**	[teater]
cinéma (m)	**bioskop**	[bioskop]
musée (m)	**museum**	[museum]
bibliothèque (f)	**perpustakaan**	[pərpustaka'an]
mosquée (f)	**masjid**	[masdʒid]
synagogue (f)	**sinagoga, kanisah**	[sinagoga], [kanisah]
cathédrale (f)	**katedral**	[katedral]
temple (m)	**kuil, candi**	[kuil], [tʃandi]
église (f)	**gereja**	[geredʒʲa]
institut (m)	**institut, perguruan tinggi**	[institut], [pərguruan tiŋgi]
université (f)	**universitas**	[universitas]
école (f)	**sekolah**	[sekolah]
hôtel (m)	**hotel**	[hotel]
banque (f)	**bank**	[ban']
ambassade (f)	**kedutaan besar**	[keduta'an besar]
agence (f) de voyages	**kantor pariwisata**	[kantor pariwisata]
métro (m)	**kereta api bawah tanah**	[kereta api bawah tanah]
hôpital (m)	**rumah sakit**	[rumah sakit]
station-service (f)	**SPBU,**	[es-pe-be-u],
	stasiun bensin	[stasjun bensin]
parking (m)	**tempat parkir**	[tempat parkir]
ENTRÉE	**MASUK**	[masu']
SORTIE	**KELUAR**	[keluar]
POUSSER	**DORONG**	[doroŋ]
TIRER	**TARIK**	[tari']
OUVERT	**BUKA**	[buka]
FERMÉ	**TUTUP**	[tutup]
monument (m)	**monumen, patung**	[monumen], [patuŋ]
forteresse (f)	**benteng**	[benteŋ]
palais (m)	**istana**	[istana]
médiéval (adj)	**abad pertengahan**	[abad pərteŋahan]
ancien (adj)	**kuno**	[kuno]
national (adj)	**nasional**	[nasional]
connu (adj)	**terkenal**	[tərkenal]

9. L'argent. Les finances

argent (m)	**uang**	[uaŋ]
monnaie (f)	**koin**	[koin]
dollar (m)	**dolar**	[dolar]
euro (m)	**euro**	[euro]
distributeur (m)	**Anjungan Tunai Mandiri, ATM**	[andʒiuŋan tunaj mandiri], [a-te-em]
bureau (m) de change	**kantor penukaran uang**	[kantor penukaran uaŋ]
cours (m) de change	**nilai tukar**	[nilaj tukar]
espèces (f pl)	**uang kontan, uang tunai**	[uaŋ kontan], [uaŋ tunaj]
Combien?	**Berapa?**	[bərapa?]
payer (régler)	**membayar**	[membajar]
paiement (m)	**pembayaran**	[pembajaran]
monnaie (f) (rendre la ~)	**kembalian**	[kembalian]
prix (m)	**harga**	[harga]
rabais (m)	**diskon**	[diskon]
bon marché (adj)	**murah**	[murah]
cher (adj)	**mahal**	[mahal]
banque (f)	**bank**	[banʔ]
compte (m)	**rekening**	[rekeniŋ]
carte (f) de crédit	**kartu kredit**	[kartu kredit]
chèque (m)	**cek**	[tʃeʔ]
faire un chèque	**menulis cek**	[mənulis tʃeʔ]
chéquier (m)	**buku cek**	[buku tʃeʔ]
dette (f)	**utang**	[utaŋ]
débiteur (m)	**pengutang**	[peŋutaŋ]
prêter (vt)	**meminjamkan**	[memindʒiamkan]
emprunter (vt)	**meminjam**	[memindʒiam]
louer (une voiture, etc.)	**menyewa**	[mənjewa]
à crédit (adv)	**secara kredit**	[setʃara kredit]
portefeuille (m)	**dompet**	[dompet]
coffre fort (m)	**brankas**	[brankas]
héritage (m)	**warisan**	[warisan]
fortune (f)	**kekayaan**	[kekajaʔan]
impôt (m)	**pajak**	[padʒiaʔ]
amende (f)	**denda**	[denda]
mettre une amende	**mendenda**	[məndenda]
en gros (adj)	**grosir**	[grosir]
au détail (adj)	**eceran**	[etʃeran]
assurer (vt)	**mengasuransikan**	[məŋasuransikan]
assurance (f)	**asuransi**	[asuransi]
capital (m)	**modal**	[modal]
chiffre (m) d'affaires	**omzet**	[omzet]

action (f)	**saham**	[saham]
profit (m)	**profit, untung**	[profit], [untuŋ]
profitable (adj)	**beruntung**	[bəruntuŋ]
crise (f)	**krisis**	[krisis]
faillite (f)	**kebangkrutan**	[kebaŋkrutan]
faire faillite	**jatuh bangkrut**	[dʒˈatuh baŋkrut]
comptable (m)	**akuntan**	[akuntan]
salaire (m)	**gaji, upah**	[gadʒi], [upah]
prime (f)	**bonus**	[bonus]

10. Les transports

autobus (m)	**bus**	[bus]
tramway (m)	**trem**	[trem]
trolleybus (m)	**bus listrik**	[bus listriʔ]
prendre …	**naik …**	[naiʔ …]
monter (dans l'autobus)	**naik**	[naiʔ]
descendre de …	**turun …**	[turun …]
arrêt (m)	**halte, pemberhentian**	[halte], [pemberhentian]
terminus (m)	**halte terakhir**	[halte tərahir]
horaire (m)	**jadwal**	[dʒˈadwal]
ticket (m)	**tiket**	[tiket]
être en retard	**terlambat …**	[tərlambat …]
taxi (m)	**taksi**	[taksi]
en taxi	**naik taksi**	[naiʔ taksi]
arrêt (m) de taxi	**pangkalan taksi**	[paŋkalan taksi]
trafic (m)	**lalu lintas**	[lalu lintas]
heures (f pl) de pointe	**jam sibuk**	[dʒˈam sibuʔ]
se garer (vp)	**parkir**	[parkir]
métro (m)	**kereta api bawah tanah**	[kereta api bawah tanah]
station (f)	**stasiun**	[stasiun]
train (m)	**kereta api**	[kereta api]
gare (f)	**stasiun kereta api**	[stasiun kereta api]
rails (m pl)	**rel**	[rel]
compartiment (m)	**kabin**	[kabin]
couchette (f)	**bangku**	[baŋku]
avion (m)	**pesawat terbang**	[pesawat tərbaŋ]
billet (m) d'avion	**tiket pesawat terbang**	[tiket pesawat tərbaŋ]
compagnie (f) aérienne	**maskapai penerbangan**	[maskapaj penerbaŋan]
aéroport (m)	**bandara**	[bandara]
vol (m) (~ d'oiseau)	**penerbangan**	[penerbaŋan]
bagage (m)	**bagasi**	[bagasi]

chariot (m)	**troli bagasi**	[troli bagasi]
bateau (m)	**kapal**	[kapal]
bateau (m) de croisière	**kapal laut**	[kapal laut]
yacht (m)	**perahu pesiar**	[pərahu pesiar]
canot (m) à rames	**perahu**	[pərahu]
capitaine (m)	**kapten**	[kapten]
cabine (f)	**kabin**	[kabin]
port (m)	**pelabuhan**	[pelabuhan]
vélo (m)	**sepeda**	[sepeda]
scooter (m)	**skuter**	[skuter]
moto (f)	**sepeda motor**	[sepeda motor]
pédale (f)	**pedal**	[pedal]
pompe (f)	**pompa**	[pompa]
roue (f)	**roda**	[roda]
automobile (f)	**mobil**	[mobil]
ambulance (f)	**ambulans**	[ambulans]
camion (m)	**truk**	[tru']
d'occasion (adj)	**bekas**	[bekas]
accident (m) de voiture	**kecelakaan mobil**	[ketʃelaka'an mobil]
réparation (f)	**reparasi**	[reparasi]

11. Les produits alimentaires. Partie 1

viande (f)	**daging**	[dagiŋ]
poulet (m)	**ayam**	[ajam]
canard (m)	**bebek**	[bebe']
du porc	**daging babi**	[dagiŋ babi]
du veau	**daging anak sapi**	[dagiŋ ana' sapi]
du mouton	**daging domba**	[dagiŋ domba]
du bœuf	**daging sapi**	[dagiŋ sapi]
saucisson (m)	**sosis**	[sosis]
œuf (m)	**telur**	[telur]
poisson (m)	**ikan**	[ikan]
fromage (m)	**keju**	[kedʒʲu]
sucre (m)	**gula**	[gula]
sel (m)	**garam**	[garam]
riz (m)	**beras, nasi**	[beras], [nasi]
pâtes (m pl)	**makaroni**	[makaroni]
beurre (m)	**mentega**	[mentega]
huile (f) végétale	**minyak nabati**	[minja' nabati]
pain (m)	**roti**	[roti]
chocolat (m)	**cokelat**	[tʃokelat]
vin (m)	**anggur**	[aŋgur]
café (m)	**kopi**	[kopi]

lait (m)	susu	[susu]
jus (m)	jus	[dʒ¹us]
bière (f)	bir	[bir]
thé (m)	teh	[teh]
tomate (f)	tomat	[tomat]
concombre (m)	mentimun, ketimun	[mentimun], [ketimun]
carotte (f)	wortel	[wortel]
pomme (f) de terre	kentang	[kentaŋ]
oignon (m)	bawang	[bawaŋ]
ail (m)	bawang putih	[bawaŋ putih]
chou (m)	kol	[kol]
betterave (f)	ubi bit merah	[ubi bit merah]
aubergine (f)	terung, terong	[teruŋ], [teroŋ]
fenouil (m)	adas sowa	[adas sowa]
laitue (f) (salade)	selada	[selada]
maïs (m)	jagung	[dʒ¹aguŋ]
fruit (m)	buah	[buah]
pomme (f)	apel	[apel]
poire (f)	pir	[pir]
citron (m)	jeruk sitrun	[dʒ¹eruʔ sitrun]
orange (f)	jeruk manis	[dʒ¹eruʔ manis]
fraise (f)	stroberi	[stroberi]
prune (f)	plum	[plum]
framboise (f)	buah frambus	[buah frambus]
ananas (m)	nanas	[nanas]
banane (f)	pisang	[pisaŋ]
pastèque (f)	semangka	[semaŋka]
raisin (m)	buah anggur	[buah aŋgur]
melon (m)	melon	[melon]

12. Les produits alimentaires. Partie 2

cuisine (f)	masakan	[masakan]
recette (f)	resep	[resep]
nourriture (f)	makanan	[makanan]
prendre le petit déjeuner	sarapan	[sarapan]
déjeuner (vi)	makan siang	[makan siaŋ]
dîner (vi)	makan malam	[makan malam]
goût (m)	rasa	[rasa]
bon (savoureux)	enak	[enaʔ]
froid (adj)	dingin	[diŋin]
chaud (adj)	panas	[panas]
sucré (adj)	manis	[manis]
salé (adj)	asin	[asin]

sandwich (m)	roti lapis	[roti lapis]
garniture (f)	lauk	[lau ʔ]
garniture (f)	inti	[inti]
sauce (f)	saus	[saus]
morceau (m)	potongan	[potoŋan]

régime (m)	diet, pola makan	[diet], [pola makan]
vitamine (f)	vitamin	[vitamin]
calorie (f)	kalori	[kalori]
végétarien (m)	vegetarian	[vegetarian]

restaurant (m)	restoran	[restoran]
salon (m) de café	warung kopi	[waruŋ kopi]
appétit (m)	nafsu makan	[nafsu makan]
Bon appétit!	Selamat makan!	[selamat makan!]

serveur (m)	pelayan lelaki	[pelajan lelaki]
serveuse (f)	pelayan perempuan	[pelajan pərempuan]
barman (m)	pelayan bar	[pelajan bar]
carte (f)	menu	[menu]

cuillère (f)	sendok	[sendo ʔ]
couteau (m)	pisau	[pisau]
fourchette (f)	garpu	[garpu]
tasse (f)	cangkir	[ʧaŋkir]

assiette (f)	piring	[piriŋ]
soucoupe (f)	alas cangkir	[alas ʧaŋkir]
serviette (f)	serbet	[serbet]
cure-dent (m)	tusuk gigi	[tusu ʔ gigi]

commander (vt)	memesan	[memesan]
plat (m)	masakan, hidangan	[masakan], [hidaŋan]
portion (f)	porsi	[porsi]
hors-d'œuvre (m)	makanan ringan	[makanan riŋan]
salade (f)	salada	[salada]
soupe (f)	sup	[sup]

dessert (m)	hidangan penutup	[hidaŋan penutup]
confiture (f)	selai buah utuh	[selaj buah utuh]
glace (f)	es krim	[es krim]
addition (f)	bon	[bon]
régler l'addition	membayar bon	[membajar bon]
pourboire (m)	tip	[tip]

13. La maison. L'appartement. Partie 1

maison (f)	rumah	[rumah]
maison (f) de campagne	rumah luar kota	[rumah luar kota]
villa (f)	vila	[vila]

étage (m)	lantai	[lantaj]
entrée (f)	pintu masuk	[pintu masuʔ]
mur (m)	dinding	[dindiŋ]
toit (m)	atap	[atap]
cheminée (f)	cerobong	[tʃeroboŋ]
grenier (m)	loteng	[loteŋ]
fenêtre (f)	jendela	[dʒˈendela]
rebord (m)	ambang jendela	[ambaŋ dʒˈendela]
balcon (m)	balkon	[balkon]
escalier (m)	tangga	[taŋga]
boîte (f) à lettres	kotak pos	[kotaʔ pos]
poubelle (f) d'extérieur	tong sampah	[toŋ sampah]
ascenseur (m)	elevator	[elevator]
électricité (f)	listrik	[listriʔ]
ampoule (f)	bohlam	[bohlam]
interrupteur (m)	sakelar	[sakelar]
prise (f)	colokan	[tʃolokan]
fusible (m)	sekering	[sekeriŋ]
porte (f)	pintu	[pintu]
poignée (f)	gagang pintu	[gagaŋ pintu]
clé (f)	kunci	[kuntʃi]
paillasson (m)	tikar	[tikar]
serrure (f)	kunci pintu	[kuntʃi pintu]
sonnette (f)	bel	[bel]
coups (m pl) à la porte	ketukan	[ketukan]
frapper (~ à la porte)	mengetuk	[məŋetuʔ]
judas (m)	lubang intip	[lubaŋ intip]
cour (f)	pekarangan	[pekaraŋan]
jardin (m)	kebun	[kebun]
piscine (f)	kolam renang	[kolam renaŋ]
salle (f) de gym	gym	[dʒim]
court (m) de tennis	lapangan tenis	[lapaŋan tenis]
garage (m)	garasi	[garasi]
propriété (f) privée	milik pribadi	[miliʔ pribadi]
panneau d'avertissement	tanda peringatan	[tanda pəriŋatan]
sécurité (f)	keamanan	[keamanan]
agent (m) de sécurité	satpam, pengawal	[satpam], [peŋawal]
rénovation (f)	renovasi	[renovasi]
faire la rénovation	merenovasi	[merenovasi]
remettre en ordre	membereskan	[membereskan]
peindre (des murs)	mengecat	[məŋetʃat]
papier (m) peint	kertas dinding	[kertas dindiŋ]
vernir (vt)	memernis	[memernis]
tuyau (m)	pipa	[pipa]

outils (m pl)	**peralatan**	[pəralatan]
sous-sol (m)	**rubanah**	[rubanah]
égouts (m pl)	**riol**	[riol]

14. La maison. L'appartement. Partie 2

appartement (m)	**apartemen**	[apartemen]
chambre (f)	**kamar**	[kamar]
chambre (f) à coucher	**kamar tidur**	[kamar tidur]
salle (f) à manger	**ruang makan**	[ruaŋ makan]
salon (m)	**ruang tamu**	[ruaŋ tamu]
bureau (m)	**ruang kerja**	[ruaŋ kerdʒʲa]
antichambre (f)	**ruang depan**	[ruaŋ depan]
salle (f) de bains	**kamar mandi**	[kamar mandi]
toilettes (f pl)	**kamar kecil**	[kamar ketʃil]
plancher (m)	**lantai**	[lantaj]
plafond (m)	**plafon, langit-langit**	[plafon], [laŋit-laŋit]
essuyer la poussière	**menyapu debu**	[mənjapu debu]
aspirateur (m)	**pengisap debu**	[peŋisap debu]
passer l'aspirateur	**membersihkan dengan pengisap debu**	[membersihkan deŋan peŋisap debu]
balai (m) à franges	**kain pel**	[kain pel]
torchon (m)	**lap**	[lap]
balayette (f) de sorgho	**sapu lidi**	[sapu lidi]
pelle (f) à ordures	**pengki**	[peŋki]
meubles (m pl)	**mebel**	[mebel]
table (f)	**meja**	[medʒʲa]
chaise (f)	**kursi**	[kursi]
fauteuil (m)	**kursi malas**	[kursi malas]
bibliothèque (f) (meuble)	**lemari buku**	[lemari buku]
rayon (m)	**rak**	[raʔ]
armoire (f)	**lemari pakaian**	[lemari pakajan]
miroir (m)	**cermin**	[tʃermin]
tapis (m)	**permadani**	[pərmadani]
cheminée (f)	**perapian**	[pərapian]
rideaux (m pl)	**gorden**	[gorden]
lampe (f) de table	**lampu meja**	[lampu medʒʲa]
lustre (m)	**lampu bercabang**	[lampu bertʃabaŋ]
cuisine (f)	**dapur**	[dapur]
cuisinière (f) à gaz	**kompor gas**	[kompor gas]
cuisinière (f) électrique	**kompor listrik**	[kompor listriʔ]
four (m) micro-ondes	**microwave**	[majkrowav]
réfrigérateur (m)	**lemari es, kulkas**	[lemari es], [kulkas]

congélateur (m)	**lemari pembeku**	[lemari pembeku]
lave-vaisselle (m)	**mesin pencuci piring**	[mesin pentʃutʃi piriŋ]
robinet (m)	**keran**	[keran]
hachoir (m) à viande	**alat pelumat daging**	[alat pelumat dagiŋ]
centrifugeuse (f)	**mesin sari buah**	[mesin sari buah]
grille-pain (m)	**alat pemanggang roti**	[alat pemaŋgaŋ roti]
batteur (m)	**pencampur**	[pentʃampur]
machine (f) à café	**mesin pembuat kopi**	[mesin pembuat kopi]
bouilloire (f)	**cerek**	[tʃereʔ]
théière (f)	**teko**	[teko]
téléviseur (m)	**pesawat TV**	[pesawat ti-vi]
magnétoscope (m)	**video, VCR**	[vidio], [vi-si-er]
fer (m) à repasser	**setrika**	[setrika]
téléphone (m)	**telepon**	[telepon]

15. Les occupations. Le statut social

directeur (m)	**direktur**	[direktur]
supérieur (m)	**atasan**	[atasan]
président (m)	**presiden**	[presiden]
assistant (m)	**asisten**	[asisten]
secrétaire (m, f)	**sekretaris**	[sekretaris]
propriétaire (m)	**pemilik**	[pemiliʔ]
partenaire (m)	**mitra**	[mitra]
actionnaire (m)	**pemegang saham**	[pemegaŋ saham]
homme (m) d'affaires	**pengusaha, pebisnis**	[peŋusaha], [pebisnis]
millionnaire (m)	**jutawan**	[dʒｊutawan]
milliardaire (m)	**miliarder**	[miliarder]
acteur (m)	**aktor**	[aktor]
architecte (m)	**arsitek**	[arsiteʔ]
banquier (m)	**bankir**	[bankir]
courtier (m)	**broker, pialang**	[broker], [pialaŋ]
vétérinaire (m)	**dokter hewan**	[dokter hewan]
médecin (m)	**dokter**	[dokter]
femme (f) de chambre	**pelayan kamar**	[pelajan kamar]
designer (m)	**desainer, perancang**	[desajner], [perantʃaŋ]
correspondant (m)	**koresponden**	[koresponden]
livreur (m)	**kurir**	[kurir]
électricien (m)	**tukang listrik**	[tukaŋ listriʔ]
musicien (m)	**musisi, musikus**	[musisi], [musikus]
baby-sitter (m, f)	**pengasuh anak**	[peŋasuh anaʔ]
coiffeur (m)	**tukang cukur**	[tukaŋ tʃukur]
berger (m)	**penggembala**	[peŋgembala]

chanteur (m)	biduan	[biduan]
traducteur (m)	penerjemah	[penerdʒiemah]
écrivain (m)	penulis	[penulis]
charpentier (m)	tukang kayu	[tukaŋ kaju]
cuisinier (m)	koki, juru masak	[koki], [dʒiuru masaʔ]

pompier (m)	pemadam kebakaran	[pemadam kebakaran]
policier (m)	polisi	[polisi]
facteur (m)	tukang pos	[tukaŋ pos]
programmeur (m)	pemrogram	[pemrogram]
vendeur (m)	pramuniaga	[pramuniaga]

ouvrier (m)	buruh, pekerja	[buruh], [pekerdʒia]
jardinier (m)	tukang kebun	[tukaŋ kebun]
plombier (m)	tukang pipa	[tukaŋ pipa]
stomatologue (m)	dokter gigi	[dokter gigi]
hôtesse (f) de l'air	pramugari	[pramugari]

danseur (m)	penari lelaki	[penari lelaki]
garde (m) du corps	pengawal pribadi	[peŋawal pribadi]
savant (m)	ilmuwan	[ilmuwan]
professeur (m)	guru	[guru]

fermier (m)	petani	[petani]
chirurgien (m)	dokter bedah	[dokter bedah]
mineur (m)	penambang	[penambaŋ]
cuisinier (m) en chef	koki kepala	[koki kepala]
chauffeur (m)	sopir	[sopir]

16. Le sport

type (m) de sport	jenis olahraga	[dʒienis olahraga]
football (m)	sepak bola	[sepaʔ bola]
hockey (m)	hoki	[hoki]
basket-ball (m)	bola basket	[bola basket]
base-ball (m)	bisbol	[bisbol]

volley-ball (m)	bola voli	[bola voli]
boxe (f)	tinju	[tindʒiu]
lutte (f)	gulat	[gulat]
tennis (m)	tenis	[tenis]
natation (f)	berenang	[bərenaŋ]

échecs (m pl)	catur	[ʧatur]
course (f)	lari	[lari]
athlétisme (m)	atletik	[atletiʔ]
patinage (m) artistique	seluncur indah	[seluntʃur indah]
cyclisme (m)	bersepeda	[bərsepeda]
billard (m)	biliar	[biliar]
bodybuilding (m)	binaraga	[binaraga]

golf (m)	golf	[golf]
plongée (f)	selam skuba	[selam skuba]
voile (f)	berlayar	[bərlajar]
tir (m) à l'arc	memanah	[memanah]

mi-temps (f)	babak	[baba?]
mi-temps (f) (pause)	waktu istirahat	[waktu istirahat]
match (m) nul	seri, hasil imbang	[seri], [hasil imbaŋ]
faire match nul	bermain seri	[bərmajn seri]

tapis (m) roulant	treadmill	[tredmil]
joueur (m)	pemain	[pemajn]
remplaçant (m)	pemain pengganti	[pemajn peŋganti]
banc (m) des remplaçants	bangku pemain pengganti	[baŋku pemajn peŋganti]

match (m)	pertandingan	[pərtandiŋan]
but (m)	gawang	[gawaŋ]
gardien (m) de but	kiper, penjaga gawang	[kiper], [pendʒ^jaga gawaŋ]
but (m)	gol	[gol]

Jeux (m pl) olympiques	Olimpiade	[olimpiade]
établir un record	menciptakan rekor	[məntʃiptakan rekor]
finale (f)	final	[final]
champion (m)	juara	[dʒ^juara]
championnat (m)	kejuaraan	[kedʒ^juara?an]

gagnant (m)	pemenang	[pemenaŋ]
victoire (f)	kemenangan	[kemenaŋan]
gagner (vi)	menang	[menaŋ]
perdre (vi)	kalah	[kalah]
médaille (f)	medali	[medali]

première place (f)	tempat pertama	[tempat pərtama]
deuxième place (f)	tempat kedua	[tempat kedua]
troisième place (f)	tempat ketiga	[tempat ketiga]

stade (m)	stadion	[stadion]
supporteur (m)	pendukung	[pendukuŋ]
entraîneur (m)	pelatih	[pelatih]
entraînement (m)	latihan	[latihan]

17. Les langues étrangères. L'orthographe

langue (f)	bahasa	[bahasa]
étudier (vt)	mempelajari	[mempeladʒ^jari]
prononciation (f)	pelafalan	[pelafalan]
accent (m)	aksen	[aksen]
nom (m)	nomina	[nomina]
adjectif (m)	adjektiva	[adʒ^jektiva]

| verbe (m) | verba | [verba] |
| adverbe (m) | adverbia | [adverbia] |

pronom (m)	kata ganti	[kata ganti]
interjection (f)	kata seru	[kata seru]
préposition (f)	preposisi, kata depan	[preposisi], [kata depan]

racine (f)	kata dasar	[kata dasar]
terminaison (f)	akhiran	[ahiran]
préfixe (m)	prefiks, awalan	[prefiks], [awalan]
syllabe (f)	suku kata	[suku kata]
suffixe (m)	sufiks, akhiran	[sufiks], [ahiran]

accent (m) tonique	tanda tekanan	[tanda tekanan]
point (m)	titik	[titiʔ]
virgule (f)	koma	[koma]
deux-points (m)	titik dua	[titiʔ dua]
points (m pl) de suspension	elipsis, lesapan	[elipsis], [lesapan]

question (f)	pertanyaan	[pərtanjaʔan]
point (m) d'interrogation	tanda tanya	[tanda tanja]
point (m) d'exclamation	tanda seru	[tanda seru]

entre guillemets	dalam tanda petik	[dalam tanda petiʔ]
entre parenthèses	dalam tanda kurung	[dalam tanda kuruŋ]
lettre (f)	huruf	[huruf]
majuscule (f)	huruf kapital	[huruf kapital]

proposition (f)	kalimat	[kalimat]
groupe (m) de mots	rangkaian kata	[raŋkajan kata]
expression (f)	ungkapan	[uŋkapan]

sujet (m)	subjek	[subdʒeʔ]
prédicat (m)	predikat	[predikat]
ligne (f)	baris	[baris]
paragraphe (m)	alinea, paragraf	[alinea], [paragraf]

synonyme (m)	sinonim	[sinonim]
antonyme (m)	antonim	[antonim]
exception (f)	perkecualian	[pərketʃualian]
souligner (vt)	menggaris bawahi	[məŋgaris bawahi]

règles (f pl)	peraturan	[pəraturan]
grammaire (f)	tatabahasa	[tatabahasa]
vocabulaire (m)	kosakata	[kosakata]
phonétique (f)	fonetik	[fonetiʔ]
alphabet (m)	alfabet, abjad	[alfabet], [abdʒʲad]

manuel (m)	buku pelajaran	[buku peladʒʲaran]
dictionnaire (m)	kamus	[kamus]
guide (m) de conversation	panduan percakapan	[panduan pərtʃakapan]
mot (m)	kata	[kata]

| sens (m) | arti | [arti] |
| mémoire (f) | memori, daya ingat | [memori], [daja iŋat] |

18. La Terre. La géographie

Terre (f)	Bumi	[bumi]
globe (m) terrestre	bola Bumi	[bola bumi]
planète (f)	planet	[planet]
géographie (f)	geografi	[geografi]
nature (f)	alam	[alam]
carte (f)	peta	[peta]
atlas (m)	atlas	[atlas]
au nord	di utara	[di utara]
au sud	di selatan	[di selatan]
à l'occident	di barat	[di barat]
à l'orient	di timur	[di timur]
mer (f)	laut	[laut]
océan (m)	samudra	[samudra]
golfe (m)	teluk	[teluˀ]
détroit (m)	selat	[selat]
continent (m)	benua	[benua]
île (f)	pulau	[pulau]
presqu'île (f)	semenanjung, jazirah	[semenandʒʲuŋ], [dʒʲazirah]
archipel (m)	kepulauan	[kepulauan]
port (m)	pelabuhan	[pelabuhan]
récif (m) de corail	terumbu karang	[terumbu karaŋ]
littoral (m)	pantai	[pantaj]
côte (f)	pantai	[pantaj]
marée (f) haute	air pasang	[air pasaŋ]
marée (f) basse	air surut	[air surut]
latitude (f)	lintang	[lintaŋ]
longitude (f)	garis bujur	[garis budʒʲur]
parallèle (f)	sejajar	[sedʒʲadʒʲar]
équateur (m)	khatulistiwa	[hatulistiwa]
ciel (m)	langit	[laŋit]
horizon (m)	horizon	[horizon]
atmosphère (f)	atmosfer	[atmosfer]
montagne (f)	gunung	[gunuŋ]
sommet (m)	puncak	[puntʃaˀ]
rocher (m)	tebing	[tebiŋ]
colline (f)	bukit	[bukit]

volcan (m)	gunung api	[gunuŋ api]
glacier (m)	gletser	[gletser]
chute (f) d'eau	air terjun	[air tərdʒ'un]
plaine (f)	dataran	[dataran]

rivière (f), fleuve (m)	sungai	[suŋaj]
source (f)	mata air	[mata air]
rive (f)	tebing sungai	[tebiŋ suŋaj]
en aval	ke hilir	[ke hilir]
en amont	ke hulu	[ke hulu]

lac (m)	danau	[danau]
barrage (m)	dam, bendungan	[dam], [benduŋan]
canal (m)	kanal, terusan	[kanal], [tərusan]
marais (m)	rawa	[rawa]
glace (f)	es	[es]

19. Les pays du monde. Partie 1

Europe (f)	Eropa	[eropa]
Union (f) européenne	Uni Eropa	[uni eropa]
européen (m)	orang Eropa	[oraŋ eropa]
européen (adj)	Eropa	[eropa]

Autriche (f)	Austria	[austria]
Grande-Bretagne (f)	Britania Raya	[britania raja]
Angleterre (f)	Inggris	[iŋgris]
Belgique (f)	Belgia	[belgia]
Allemagne (f)	Jerman	[dʒ'erman]

Pays-Bas (m)	Belanda	[belanda]
Hollande (f)	Belanda	[belanda]
Grèce (f)	Yunani	[yunani]
Danemark (m)	Denmark	[denmarʔ]
Irlande (f)	Irlandia	[irlandia]

Islande (f)	Islandia	[islandia]
Espagne (f)	Spanyol	[spanjol]
Italie (f)	Italia	[italia]
Chypre (m)	Siprus	[siprus]
Malte (f)	Malta	[malta]

Norvège (f)	Norwegia	[norwegia]
Portugal (m)	Portugal	[portugal]
Finlande (f)	Finlandia	[finlandia]
France (f)	Prancis	[prantʃis]
Suède (f)	Swedia	[swedia]

| Suisse (f) | Swiss | [swiss] |
| Écosse (f) | Skotlandia | [skotlandia] |

Vatican (m)	**Vatikan**	[vatikan]
Liechtenstein (m)	**Liechtenstein**	[lajhtensteyn]
Luxembourg (m)	**Luksemburg**	[luksemburg]
Monaco (m)	**Monako**	[monako]
Albanie (f)	**Albania**	[albania]
Bulgarie (f)	**Bulgaria**	[bulgaria]
Hongrie (f)	**Hongaria**	[hoŋaria]
Lettonie (f)	**Latvia**	[latvia]
Lituanie (f)	**Lituania**	[lituania]
Pologne (f)	**Polandia**	[polandia]
Roumanie (f)	**Romania**	[romania]
Serbie (f)	**Serbia**	[serbia]
Slovaquie (f)	**Slowakia**	[slowakia]
Croatie (f)	**Kroasia**	[kroasia]
République (f) Tchèque	**Republik Ceko**	[republiˀ tʃeko]
Estonie (f)	**Estonia**	[estonia]
Bosnie (f)	**Bosnia-Hercegovina**	[bosnia-hersegovina]
Macédoine (f)	**Makedonia**	[makedonia]
Slovénie (f)	**Slovenia**	[slovenia]
Monténégro (m)	**Montenegro**	[montenegro]
Biélorussie (f)	**Belarusia**	[belarusia]
Moldavie (f)	**Moldova**	[moldova]
Russie (f)	**Rusia**	[rusia]
Ukraine (f)	**Ukraina**	[ukrajna]

20. Les pays du monde. Partie 2

Asie (f)	**Asia**	[asia]
Vietnam (m)	**Vietnam**	[vjetnam]
Inde (f)	**India**	[india]
Israël (m)	**Israel**	[israel]
Chine (f)	**Tiongkok**	[tjoŋkoˀ]
Liban (m)	**Lebanon**	[lebanon]
Mongolie (f)	**Mongolia**	[moŋolia]
Malaisie (f)	**Malaysia**	[malajsia]
Pakistan (m)	**Pakistan**	[pakistan]
Arabie (f) Saoudite	**Arab Saudi**	[arab saudi]
Thaïlande (f)	**Thailand**	[tajland]
Taïwan (m)	**Taiwan**	[tajwan]
Turquie (f)	**Turki**	[turki]
Japon (m)	**Jepang**	[dʒˈepaŋ]
Afghanistan (m)	**Afghanistan**	[afganistan]
Bangladesh (m)	**Bangladesh**	[baŋladeʃ]
Indonésie (f)	**Indonesia**	[indonesia]

Jordanie (f)	Yordania	[yordania]
Iraq (m)	Irak	[ira']
Iran (m)	Iran	[iran]

Cambodge (m)	Kamboja	[kambodʒia]
Koweït (m)	Kuwait	[kuweyt]
Laos (m)	Laos	[laos]
Myanmar (m)	Myanmar	[myanmar]
Népal (m)	Nepal	[nepal]

Fédération (f) des Émirats Arabes Unis	Uni Emirat Arab	[uni emirat arab]
Syrie (f)	Suriah	[suriah]
Palestine (f)	Palestina	[palestina]
Corée (f) du Sud	Korea Selatan	[korea selatan]
Corée (f) du Nord	Korea Utara	[korea utara]

Les États Unis	Amerika Serikat	[amerika serikat]
Canada (m)	Kanada	[kanada]
Mexique (m)	Meksiko	[meksiko]
Argentine (f)	Argentina	[argentina]
Brésil (m)	Brasil	[brasil]

Colombie (f)	Kolombia	[kolombia]
Cuba (f)	Kuba	[kuba]
Chili (m)	Chili	[tʃili]
Venezuela (f)	Venezuela	[venezuela]
Équateur (m)	Ekuador	[ekuador]

Bahamas (f pl)	Kepulauan Bahama	[kepulauan bahama]
Panamá (m)	Panama	[panama]
Égypte (f)	Mesir	[mesir]
Maroc (m)	Maroko	[maroko]
Tunisie (f)	Tunisia	[tunisia]

Kenya (m)	Kenya	[kenia]
Libye (f)	Libia	[libia]
République (f) Sud-africaine	Afrika Selatan	[afrika selatan]
Australie (f)	Australia	[australia]
Nouvelle Zélande (f)	Selandia Baru	[selandia baru]

21. Le temps. Les catastrophes naturelles

temps (m)	cuaca	[tʃuatʃa]
météo (f)	prakiraan cuaca	[prakira'an tʃuatʃa]
température (f)	temperatur, suhu	[temperatur], [suhu]
thermomètre (m)	termometer	[tərmometər]
baromètre (m)	barometer	[barometer]
soleil (m)	matahari	[matahari]

briller (soleil)	**bersinar**	[bərsinar]
ensoleillé (jour ~)	**cerah**	[tʃerah]
se lever (vp)	**terbit**	[terbit]
se coucher (vp)	**terbenam**	[tərbenam]
pluie (f)	**hujan**	[hudʒʲan]
il pleut	**hujan turun**	[hudʒʲan turun]
pluie (f) torrentielle	**hujan lebat**	[hudʒʲan lebat]
nuée (f)	**awan mendung**	[awan menduŋ]
flaque (f)	**kubangan**	[kubaŋan]
se faire mouiller	**kehujanan**	[kehudʒʲanan]
orage (m)	**hujan badai**	[hudʒʲan badaj]
éclair (m)	**kilat**	[kilat]
éclater (foudre)	**berkilau**	[bərkilau]
tonnerre (m)	**petir**	[petir]
le tonnerre gronde	**bergemuruh**	[bergemuruh]
grêle (f)	**hujan es**	[hudʒʲan es]
il grêle	**hujan es**	[hudʒʲan es]
chaleur (f) (canicule)	**panas, gerah**	[panas], [gerah]
il fait très chaud	**panas**	[panas]
il fait chaud	**hangat**	[haŋat]
il fait froid	**dingin**	[diŋin]
brouillard (m)	**kabut**	[kabut]
brumeux (adj)	**berkabut**	[bərkabut]
nuage (m)	**awan**	[awan]
nuageux (adj)	**berawan**	[berawan]
humidité (f)	**kelembapan**	[kelembapan]
neige (f)	**salju**	[saldʒʲu]
il neige	**turun salju**	[turun saldʒʲu]
gel (m)	**dingin**	[diŋin]
au-dessous de zéro	**di bawah nol**	[di bawah nol]
givre (m)	**embun beku**	[embun beku]
intempéries (f pl)	**cuaca buruk**	[tʃuatʃa buruʔ]
catastrophe (f)	**bencana**	[bentʃana]
inondation (f)	**banjir**	[bandʒir]
avalanche (f)	**longsor**	[loŋsor]
tremblement (m) de terre	**gempa bumi**	[gempa bumi]
secousse (f)	**gempa**	[gempa]
épicentre (m)	**episentrum**	[episentrum]
éruption (f)	**erupsi, letusan**	[erupsi], [letusan]
lave (f)	**lava, lahar**	[lava], [lahar]
tornade (f)	**tornado**	[tornado]
tourbillon (m)	**puting beliung**	[putiŋ beliuŋ]
ouragan (m)	**topan**	[topan]
tsunami (m)	**tsunami**	[tsunami]
cyclone (m)	**siklon**	[siklon]

22. Les animaux. Partie 1

animal (m)	**binatang**	[binataŋ]
prédateur (m)	**predator, pemangsa**	[predator], [pemaŋsa]
tigre (m)	**harimau**	[harimau]
lion (m)	**singa**	[siŋa]
loup (m)	**serigala**	[serigala]
renard (m)	**rubah**	[rubah]
jaguar (m)	**jaguar**	[dʒˈaguar]
lynx (m)	**lynx**	[links]
coyote (m)	**koyote**	[koyot]
chacal (m)	**jakal**	[dʒˈakal]
hyène (f)	**hiena**	[hiena]
écureuil (m)	**bajing**	[badʒiŋ]
hérisson (m)	**landak susu**	[landaʔ susu]
lapin (m)	**kelinci**	[kelintʃi]
raton (m)	**rakun**	[rakun]
hamster (m)	**hamster**	[hamster]
taupe (f)	**tikus mondok**	[tikus mondoʔ]
souris (f)	**tikus**	[tikus]
rat (m)	**tikus besar**	[tikus besar]
chauve-souris (f)	**kelelawar**	[kelelawar]
castor (m)	**beaver**	[beaver]
cheval (m)	**kuda**	[kuda]
cerf (m)	**rusa**	[rusa]
chameau (m)	**unta**	[unta]
zèbre (m)	**kuda belang**	[kuda belaŋ]
baleine (f)	**ikan paus**	[ikan paus]
phoque (m)	**anjing laut**	[andʒiŋ laut]
morse (m)	**walrus**	[walrus]
dauphin (m)	**lumba-lumba**	[lumba-lumba]
ours (m)	**beruang**	[bəruaŋ]
singe (m)	**monyet**	[monjet]
éléphant (m)	**gajah**	[gadʒˈah]
rhinocéros (m)	**badak**	[badaʔ]
girafe (f)	**jerapah**	[dʒˈerapah]
hippopotame (m)	**kuda nil**	[kuda nil]
kangourou (m)	**kanguru**	[kaŋuru]
chat (m) (femelle)	**kucing betina**	[kutʃiŋ betina]
chien (m)	**anjing**	[andʒiŋ]
vache (f)	**sapi**	[sapi]
taureau (m)	**sapi jantan**	[sapi dʒˈantan]

brebis (f)	domba	[domba]
chèvre (f)	kambing betina	[kambiŋ betina]
âne (m)	keledai	[keledaj]
cochon (m)	babi	[babi]
poule (f)	ayam betina	[ajam betina]
coq (m)	ayam jago	[ajam dʒˈago]
canard (m)	bebek	[bebeʔ]
oie (f)	angsa	[aŋsa]
dinde (f)	kalkun betina	[kalkun betina]
berger (m)	anjing gembala	[andʒiŋ gembala]

23. Les animaux. Partie 2

oiseau (m)	burung	[buruŋ]
pigeon (m)	burung dara	[buruŋ dara]
moineau (m)	burung gereja	[buruŋ geredʒˈa]
mésange (f)	burung tit	[buruŋ tit]
pie (f)	burung murai	[buruŋ muraj]
aigle (m)	rajawali	[radʒˈawali]
épervier (m)	elang	[elaŋ]
faucon (m)	alap-alap	[alap-alap]
cygne (m)	angsa	[aŋsa]
grue (f)	burung jenjang	[buruŋ dʒˈendʒˈaŋ]
cigogne (f)	bangau	[baŋau]
perroquet (m)	burung nuri	[buruŋ nuri]
paon (m)	burung merak	[buruŋ meraʔ]
autruche (f)	burung unta	[buruŋ unta]
héron (m)	kuntul	[kuntul]
rossignol (m)	burung bulbul	[buruŋ bulbul]
hirondelle (f)	burung walet	[buruŋ walet]
pivert (m)	burung pelatuk	[buruŋ pelatuʔ]
coucou (m)	burung kukuk	[buruŋ kukuʔ]
chouette (f)	burung hantu	[buruŋ hantu]
pingouin (m)	penguin	[peŋuin]
thon (m)	tuna	[tuna]
truite (f)	ikan forel	[ikan forel]
anguille (f)	belut	[belut]
requin (m)	ikan hiu	[ikan hiu]
crabe (m)	kepiting	[kepitiŋ]
méduse (f)	ubur-ubur	[ubur-ubur]
pieuvre (f), poulpe (m)	gurita	[gurita]
étoile (f) de mer	bintang laut	[bintaŋ laut]
oursin (m)	landak laut	[landaʔ laut]

hippocampe (m)	**kuda laut**	[kuda laut]
crevette (f)	**udang**	[udaŋ]
serpent (m)	**ular**	[ular]
vipère (f)	**ular viper**	[ular viper]
lézard (m)	**kadal**	[kadal]
iguane (m)	**iguana**	[iguana]
caméléon (m)	**bunglon**	[buŋlon]
scorpion (m)	**kalajengking**	[kaladʒ'eŋkiŋ]
tortue (f)	**kura-kura**	[kura-kura]
grenouille (f)	**katak**	[kataʔ]
crocodile (m)	**buaya**	[buaja]
insecte (m)	**serangga**	[seraŋga]
papillon (m)	**kupu-kupu**	[kupu-kupu]
fourmi (f)	**semut**	[semut]
mouche (f)	**lalat**	[lalat]
moustique (m)	**nyamuk**	[njamuʔ]
scarabée (m)	**kumbang**	[kumbaŋ]
abeille (f)	**lebah**	[lebah]
araignée (f)	**laba-laba**	[laba-laba]
coccinelle (f)	**kumbang koksi**	[kumbaŋ koksi]

24. La flore. Les arbres

arbre (m)	**pohon**	[pohon]
bouleau (m)	**pohon berk**	[pohon bərʔ]
chêne (m)	**pohon eik**	[pohon eiʔ]
tilleul (m)	**pohon linden**	[pohon linden]
tremble (m)	**pohon aspen**	[pohon aspen]
érable (m)	**pohon mapel**	[pohon mapel]
épicéa (m)	**pohon den**	[pohon den]
pin (m)	**pohon pinus**	[pohon pinus]
cèdre (m)	**pohon aras**	[pohon aras]
peuplier (m)	**pohon poplar**	[pohon poplar]
sorbier (m)	**pohon rowan**	[pohon rowan]
hêtre (m)	**pohon nothofagus**	[pohon notofagus]
orme (m)	**pohon elm**	[pohon elm]
frêne (m)	**pohon abu**	[pohon abu]
marronnier (m)	**kastanye**	[kastanje]
palmier (m)	**palem**	[palem]
buisson (m)	**rumpun**	[rumpun]
champignon (m)	**jamur**	[dʒ'amur]
champignon (m) vénéneux	**jamur beracun**	[dʒ'amur bəratʃun]
cèpe (m)	**jamur boletus**	[dʒ'amur boletus]

russule (f)	jamur rusula	[dʒʲamur rusula]
amanite (f) tue-mouches	jamur Amanita muscaria	[dʒʲamur amanita mustʃaria]
oronge (f) verte	jamur topi kematian	[dʒʲamur topi kematian]
fleur (f)	bunga	[buŋa]
bouquet (m)	buket	[buket]
rose (f)	mawar	[mawar]
tulipe (f)	tulip	[tulip]
oeillet (m)	bunga anyelir	[buŋa anjelir]
marguerite (f)	bunga margrit	[buŋa margrit]
cactus (m)	kaktus	[kaktus]
muguet (m)	lili lembah	[lili lembah]
perce-neige (f)	bunga tetesan salju	[buŋa tetesan saldʒʲu]
nénuphar (m)	lili air	[lili air]
serre (f) tropicale	rumah kaca	[rumah katʃa]
gazon (m)	halaman berumput	[halaman bərumput]
parterre (m) de fleurs	bedeng bunga	[bedeŋ buŋa]
plante (f)	tumbuhan	[tumbuhan]
herbe (f)	rumput	[rumput]
feuille (f)	daun	[daun]
pétale (m)	kelopak	[kelopaʔ]
tige (f)	batang	[bataŋ]
pousse (f)	tunas	[tunas]
céréales (f pl) (plantes)	padi-padian	[padi-padian]
blé (m)	gandum	[gandum]
seigle (m)	gandum hitam	[gandum hitam]
avoine (f)	oat	[oat]
millet (m)	jawawut	[dʒʲawawut]
orge (f)	jelai	[dʒʲelaj]
maïs (m)	jagung	[dʒʲaguŋ]
riz (m)	beras	[beras]

25. Les mots souvent utilisés

aide (f)	bantuan	[bantuan]
arrêt (m) (pause)	perhentian	[pərhentian]
balance (f)	keseimbangan	[keseimbaŋan]
base (f)	basis, dasar	[basis], [dasar]
catégorie (f)	kategori	[kategori]
choix (m)	pilihan	[pilihan]
coïncidence (f)	kebetulan	[kebetulan]
comparaison (f)	perbandingan	[pərbandiŋan]
début (m)	permulaan	[pərmulaʔan]

degré (m) (~ de liberté)	tingkat	[tiŋkat]
développement (m)	perkembangan	[pərkembaŋan]
différence (f)	perbedaan	[pərbeda'an]
effet (m)	efek, pengaruh	[efek], [peŋaruh]
effort (m)	usaha	[usaha]
élément (m)	unsur	[unsur]
exemple (m)	contoh	[ʧontoh]
fait (m)	fakta	[fakta]
faute, erreur (f)	kesalahan	[kesalahan]
forme (f)	bentuk, rupa	[bentuk], [rupa]
idéal (m)	ideal	[ideal]
mode (m) (méthode)	cara	[ʧara]
moment (m)	saat, waktu	[sa'at], [waktu]
obstacle (m)	rintangan	[rintaŋan]
part (f)	bagian	[bagian]
pause (f)	istirahat	[istirahat]
position (f)	posisi	[posisi]
problème (m)	masalah	[masalah]
processus (m)	proses	[proses]
progrès (m)	kemajuan	[kemadʒʲuan]
propriété (f) (qualité)	sifat	[sifat]
réaction (f)	reaksi	[reaksi]
risque (m)	risiko	[risiko]
secret (m)	rahasia	[rahasia]
série (f)	rangkaian	[raŋkajan]
situation (f)	situasi	[situasi]
solution (f)	solusi, penyelesaian	[solusi], [penjelesajan]
standard (adj)	standar	[standar]
style (m)	gaya	[gaja]
système (m)	sistem	[sistem]
tableau (m) (grille)	tabel	[tabel]
tempo (m)	tempo, laju	[tempo], [ladʒʲu]
terme (m)	istilah	[istilah]
tour (m) (attends ton ~)	giliran	[giliran]
type (m) (~ de sport)	jenis	[dʒʲenis]
urgent (adj)	segera	[segera]
utilité (f)	kegunaan	[keguna'an]
vérité (f)	kebenaran	[kebenaran]
version (f)	varian	[varian]
zone (f)	zona	[zona]

26. Les adjectifs. Partie 1

aigre (fruits ~s)	masam	[masam]
amer (adj)	pahit	[pahit]

ancien (adj)	**kuno**	[kuno]
artificiel (adj)	**buatan**	[buatan]
aveugle (adj)	**buta**	[buta]
bas (voix ~se)	**lirih**	[lirih]
beau (homme)	**cantik**	[tʃantiʔ]
bien affilé (adj)	**tajam**	[tadʒʲam]
bon (savoureux)	**enak**	[enaʔ]
bronzé (adj)	**hitam terbakar matahari**	[hitam tərbakar matahari]
central (adj)	**sentral**	[sentral]
clandestin (adj)	**rahasia, diam-diam**	[rahasia], [diam-diam]
compatible (adj)	**serasi, cocok**	[serasi], [tʃotʃoʔ]
content (adj)	**puas**	[puas]
continu (usage ~)	**panjang**	[pandʒʲaŋ]
court (de taille)	**pendek**	[pendeʔ]
cru (non cuit)	**mentah**	[məntah]
dangereux (adj)	**berbahaya**	[bərbahaja]
d'enfant (adj)	**kanak-kanak**	[kanaʔ-kanaʔ]
dense (brouillard ~)	**pekat**	[pekat]
dernier (final)	**terakhir**	[tərahir]
difficile (décision)	**sukar, sulit**	[sukar], [sulit]
d'occasion (adj)	**bekas**	[bekas]
douce (l'eau ~)	**tawar**	[tawar]
droit (pas courbe)	**lurus**	[lurus]
droit (situé à droite)	**kanan**	[kanan]
dur (pas mou)	**keras**	[keras]
étroit (passage, etc.)	**sempit**	[sempit]
excellent (adj)	**sangat baik**	[saŋat baiʔ]
excessif (adj)	**berlebihan**	[bərlebihan]
extérieur (adj)	**luar**	[luar]
facile (adj)	**mudah**	[mudah]
fertile (le sol ~)	**subur**	[subur]
fort (homme ~)	**kuat**	[kuat]
fort (voix ~e)	**lantang**	[lantaŋ]
fragile (vaisselle, etc.)	**rapuh**	[rapuh]
gauche (adj)	**kiri**	[kiri]
géant (adj)	**sangat besar**	[saŋat besar]
grand (dimension)	**besar**	[besar]
gratuit (adj)	**gratis**	[gratis]
heureux (adj)	**bahagia**	[bahagia]
immobile (adj)	**tak bergerak**	[taʔ bərgeraʔ]
important (adj)	**penting**	[pentiŋ]
intelligent (adj)	**pandai, pintar**	[pandaj], [pintar]
intérieur (adj)	**dalam**	[dalam]
légal (adj)	**sah**	[sah]

léger (pas lourd)	ringan	[riŋan]
liquide (adj)	cair	[ʧair]
lisse (adj)	rata, halus	[rata], [halus]
long (~ chemin)	panjang	[pandʒˈaŋ]

27. Les adjectifs. Partie 2

malade (adj)	sakit	[sakit]
mat (couleur)	kusam	[kusam]
mauvais (adj)	buruk, jelek	[buruk], [dʒˈeleʔ]
mort (adj)	mati	[mati]
mou (souple)	empuk	[empuʔ]
mûr (fruit ~)	masak	[masaʔ]
mystérieux (adj)	misterius	[misterius]
natal (ville, pays)	asli	[asli]
négatif (adj)	negatif	[negatif]
neuf (adj)	baru	[baru]
normal (adj)	normal	[normal]
obligatoire (adj)	wajib	[wadʒib]
opposé (adj)	bertentangan	[bərtentaŋan]
ordinaire (adj)	biasa	[biasa]
original (peu commun)	orisinal, asli	[orisinal], [asli]
ouvert (adj)	terbuka	[tərbuka]
parfait (adj)	cemerlang	[ʧemerlaŋ]
pas clair (adj)	tidak jelas	[tidaʔ dʒˈelas]
pas difficile (adj)	tidak sukar	[tidaʔ sukar]
passé (le mois ~)	lalu	[lalu]
pauvre (adj)	miskin	[miskin]
personnel (adj)	pribadi	[pribadi]
petit (adj)	kecil	[keʧil]
peu profond (adj)	dangkal	[daŋkal]
plein (rempli)	penuh	[penuh]
poli (adj)	sopan	[sopan]
possible (adj)	mungkin	[muŋkin]
précis, exact (adj)	tepat	[tepat]
principal (adj)	utama	[utama]
principal (idée ~e)	utama	[utama]
probable (adj)	mungkin	[muŋkin]
propre (chemise ~)	bersih	[bərsih]
public (adj)	umum	[umum]
rapide (adj)	cepat	[ʧepat]
rare (adj)	jarang	[dʒˈaraŋ]
risqué (adj)	riskan	[riskan]
sale (pas propre)	kotor	[kotor]

similaire (adj)	mirip	[mirip]
solide (bâtiment, etc.)	kuat, kukuh	[kuat], [kukuh]
spacieux (adj)	lapang, luas	[lapaŋ], [luas]
spécial (adj)	khusus	[husus]
stupide (adj)	bodoh	[bodoh]
sucré (adj)	manis	[manis]
suivant (vol ~)	depan	[depan]
supplémentaire (adj)	tambahan	[tambahan]
surgelé (produits ~s)	beku	[beku]
triste (regard ~)	sedih	[sedih]
vide (bouteille, etc.)	kosong	[kosoŋ]
vieux (bâtiment, etc.)	tua	[tua]

28. Les verbes les plus utilisés. Partie 1

accuser (vt)	menuduh	[mənuduh]
acheter (vt)	membeli	[membeli]
aider (vt)	membantu	[membantu]
aimer (qn)	mencintai	[mentʃintaj]
aller (à pied)	berjalan	[bərdʒʲalan]
allumer (vt)	menyalakan	[mənjalakan]
annoncer (vt)	mengumumkan	[məŋumumkan]
annuler (vt)	membatalkan	[membatalkan]
appartenir à …	kepunyaan …	[kepunja'an …]
attendre (vt)	menunggu	[mənuŋgu]
attraper (vt)	menangkap	[mənaŋkap]
autoriser (vt)	mengizinkan	[məŋizinkan]
avoir (vt)	mempunyai	[mempunjaj]
avoir confiance	mempercayai	[mempertʃajaj]
avoir peur	takut	[takut]
battre (frapper)	memukul	[memukul]
boire (vt)	minum	[minum]
cacher (vt)	menyembunyikan	[mənjembunjikan]
casser (briser)	memecahkan	[memetʃahkan]
cesser (vt)	menghentikan	[məŋhentikan]
changer (vt)	mengubah	[məŋubah]
chanter (vi)	menyanyi	[mənjanji]
chasser (animaux)	berburu	[bərburu]
choisir (vt)	memilih	[memilih]
commencer (vt)	memulai, membuka	[memulaj], [membuka]
comparer (vt)	membandingkan	[membandiŋkan]
comprendre (vt)	mengerti	[məŋerti]
compter (dénombrer)	menghitung	[məŋhituŋ]
compter sur …	mengharapkan …	[məŋharapkan …]
confirmer (vt)	mengonfirmasi	[mənoŋfirmasi]

connaître (qn)	kenal	[kenal]
construire (vt)	membangun	[membaŋun]
copier (vt)	menyalin	[mənjalin]
courir (vi)	lari	[lari]

coûter (vt)	berharga	[bərharga]
créer (vt)	menciptakan	[məntʃiptakan]
creuser (vt)	menggali	[məŋgali]
crier (vi)	berteriak	[bərteria']
croire (en Dieu)	percaya	[pərtʃaja]
danser (vi, vt)	berdansa, menari	[bərdansa], [menari]

décider (vt)	memutuskan	[memutuskan]
déjeuner (vi)	makan siang	[makan siaŋ]
demander (~ l'heure)	bertanya	[bərtanja]
dépendre de ...	tergantung pada ...	[tərgantuŋ pada ...]
déranger (vt)	mengganggu	[məŋgaŋgu]
dîner (vi)	makan malam	[makan malam]

dire (vt)	berkata	[bərkata]
discuter (vt)	membicarakan	[membitʃarakan]
disparaître (vi)	menghilang	[məŋhilaŋ]
divorcer (vi)	bercerai	[bərtʃeraj]
donner (vt)	memberi	[memberi]
douter (vt)	ragu-ragu	[ragu-ragu]

29. Les verbes les plus utilisés. Partie 2

écrire (vt)	menulis	[mənulis]
entendre (bruit, etc.)	mendengar	[məndeŋar]
envoyer (vt)	mengirim	[məŋirim]
espérer (vi)	berharap	[bərharap]
essayer (de faire qch)	mencoba	[məntʃoba]

éteindre (vt)	mematikan	[mematikan]
être absent	absen, tidak hadir	[absen], [tida' hadir]
être d'accord	setuju	[setudʒʲu]
être fatigué	lelah	[lelah]
être pressé	tergesa-gesa	[tərgesa-gesa]

étudier (vt)	mempelajari	[mempeladʒʲari]
excuser (vt)	memaafkan	[mema'afkan]
exiger (vt)	menuntut	[mənuntut]
exister (vi)	ada	[ada]
expliquer (vt)	menjelaskan	[məndʒʲelaskan]

faire (vt)	membuat	[membuat]
faire le ménage	membereskan	[membereskan]
faire tomber	tercecer	[tərtʃetʃer]
féliciter (vt)	mengucapkan selamat	[məŋutʃapkan selamat]

fermer (vt)	**menutup**	[mənutup]
finir (vt)	**mengakhiri**	[məɲahiri]
garder (conserver)	**menyimpan**	[məɲjimpan]
haïr (vt)	**membenci**	[membentʃi]
insister (vi)	**mendesak**	[məndesaʔ]
insulter (vt)	**menghina**	[məŋhina]
interdire (vt)	**melarang**	[melaraŋ]
inviter (vt)	**mengundang**	[məŋundaŋ]
jouer (s'amuser)	**bermain**	[bərmajn]
lire (vi, vt)	**membaca**	[membatʃa]
louer (prendre en location)	**menyewa**	[məɲjewa]
manger (vi, vt)	**makan**	[makan]
manquer (l'école)	**absen**	[absen]
mépriser (vt)	**benci, membenci**	[bentʃi], [membentʃi]
montrer (vt)	**menunjukkan**	[mənundʒʲuʔkan]
mourir (vi)	**mati, meninggal**	[mati], [meniŋgal]
nager (vi)	**berenang**	[bərenaŋ]
naître (vi)	**lahir**	[lahir]
nier (vt)	**memungkiri**	[memuŋkiri]
obéir (vt)	**mematuhi**	[mematuhi]
oublier (vt)	**melupakan**	[melupakan]
ouvrir (vt)	**membuka**	[membuka]

30. Les verbes les plus utilisés. Partie 3

pardonner (vt)	**memaafkan**	[memaʔafkan]
parler (vi, vt)	**berbicara**	[bərbitʃara]
parler avec …	**bebicara dengan …**	[bebitʃara deŋan …]
participer à …	**turut serta**	[turut serta]
payer (régler)	**membayar**	[membajar]
penser (vi, vt)	**berpikir**	[bərpikir]
perdre (les clefs, etc.)	**kehilangan**	[kehilaŋan]
plaire (être apprécié)	**suka**	[suka]
plaisanter (vi)	**bergurau**	[bərgurau]
pleurer (vi)	**menangis**	[mənaɲis]
plonger (vi)	**menyelam**	[məɲjelam]
pouvoir (v aux)	**bisa**	[bisa]
pouvoir (v aux)	**bisa**	[bisa]
prendre (vt)	**mengambil**	[məŋambil]
prendre le petit déjeuner	**sarapan**	[sarapan]
préparer (le dîner)	**memasak**	[memasaʔ]
prévoir (vt)	**menduga**	[mənduga]
prier (~ Dieu)	**bersembahyang, berdoa**	[bərsembahjaŋ], [bərdoa]
promettre (vt)	**berjanji**	[bərdʒʲandʒi]
proposer (vt)	**mengusulkan**	[məɲusulkan]

prouver (vt)	membuktikan	[membuktikan]
raconter (une histoire)	menceritakan	[mәntʃeritakan]
recevoir (vt)	menerima	[mәnerima]
regarder (vt)	melihat ...	[melihat ...]
remercier (vt)	mengucapkan terima kasih	[mәŋutʃapkan tәrima kasih]
répéter (dire encore)	mengulangi	[mәŋulaŋi]
répondre (vi, vt)	menjawab	[mәndʒ'awab]
réserver (une chambre)	memesan	[memesan]
rompre (relations)	menghentikan	[mәŋhentikan]
s'asseoir (vp)	duduk	[duduʔ]
sauver (la vie à qn)	menyelamatkan	[mәnyelamatkan]
savoir (qch)	tahu	[tahu]
se battre (vp)	berkelahi	[bәrkelahi]
se dépêcher	tergesa-gesa	[tәrgesa-gesa]
se plaindre (vp)	mengeluh	[mәŋeluh]
se rencontrer (vp)	bertemu	[bәrtemu]
se tromper (vp)	salah	[salah]
sécher (vt)	mengeringkan	[mәŋeriŋkan]
s'excuser (vp)	meminta maaf	[meminta maʔaf]
signer (vt)	menandatangani	[mәnandataŋani]
sourire (vi)	tersenyum	[tәrsenyum]
supprimer (vt)	menghapus	[mәŋhapus]
tirer (vi)	menembak	[mәnembaʔ]
tomber (vi)	jatuh	[dʒ'atuh]
tourner (~ à gauche)	membelok	[membeloʔ]
traduire (vt)	menerjemahkan	[mәnerdʒ'emahkan]
travailler (vi)	bekerja	[bekerdʒ'a]
tromper (vt)	menipu	[mәnipu]
trouver (vt)	menemukan	[mәnemukan]
tuer (vt)	membunuh	[membunuh]
vendre (vt)	menjual	[mәndʒ'ual]
venir (vi)	datang	[dataŋ]
vérifier (vt)	memeriksa	[memeriksa]
voir (vt)	melihat	[melihat]
voler (avion, oiseau)	terbang	[tәrbaŋ]
voler (qch à qn)	mencuri	[mәntʃuri]
vouloir (vt)	mau, ingin	[mau], [iŋin]

www.ingramcontent.com/pod-product-compliance
Lightning Source LLC
Chambersburg PA
CBHW060029050426
42448CB00012B/2924